Cómo sobrevivir a un Jefe Hijo de Puta

Ilustraciones, gráficos y fotomontaje: JORGE FANTONI

DEMIAN STERMAN - DAVID ROTEMBERG

Cómo sobrevivir a un Jefe Hijo de Puta

Grijalbo

Cómo sobrevivir a un jefe hijo de puta

Primera edición en Argentina: 2008
Primera edición en México: noviembre, 2008
Primera edición para Estados Unidos: diciembre, 2008

www.rhmx.com.mx

Comentarios sobre la edición y contenido de este libro a:
literaria@randomhousemondadori.com.mx

ISBN 978-030-739-275-6

Impreso en México / *Printed in Mexico*

Distributed by Random House, Inc.

Dedicado a todos los jefes que han hecho este libro posible y nuestra vida imposible.

Los Autores

ADVERTENCIA

Éste es un libro de management y autoayuda y sus contenidos sólo complementan el seguimiento y la contención profesional, bajo ningún concepto la reemplazan. Los autores no se responsabilizan por los efectos que esta obra pueda ocasionar dentro del ambiente laboral. La palabra final siempre será la del profesional autorizado (médico clínico, psicólogo, psicólogo social, psicopedagogo, urólogo[1], ginecólogo[1], hipnotista o curandero).

[1] Existen pruebas de que el trabajo bajo las órdenes de un Jefe Hijo de Puta genera "rotura de testículos" e "inflamación de ovarios" a niveles casi de pandemia.

Si China ha obligado a sus ciudadanos a arrodillarse sobre maíz durante miles de años como método de obediencia y enseñanza, y hoy es una potencia mundial, pues hete aquí por qué a los occidentales nos queda mucho por copiar de la sabiduría oriental.

Jefe de David Rotemberg

INTRODUCCIÓN

Quien más, quien menos, todos tenemos o hemos tenido alguna vez un jefe. Y aunque nos cueste reconocerlo, a él le debemos nuestra gran capacidad de supervivencia. En principio, el haber podido sobrevivir... ¡a él!

También le debemos haber desarrollado nuestro Instinto Laboral (I.L.). Así como la primera reacción instintiva del ser humano cuando nace es buscar el pecho materno, aferrarse a él, presionarlo y no soltarlo hasta extraerle toda su leche y sentir una sensación de total saciedad, la primera reacción instintiva del empleado frente a su Jefe Hijo de Puta es la de buscarlo, aferrarse a su cuello, presionarlo y no soltarlo sino hasta que le salga la última gota de sangre y así volver a sentir aquella primitiva sensación de saciedad.

Si bien todos alguna vez han tenido la idea de asesinar a su jefe, no es el propósito de este libro fomentar el Instinto Asesino (I.A.). Por el contrario, a lo largo de sus capítulos propone un análisis exhaustivo que sirva de ayuda para poder reconocer escenarios que ponen al empleado en situación de total riesgo y así —con plena conciencia del hecho— poder actuar inteligentemente, aunque esto no signifique sortear las garras de ese Jefe Hijo de Puta.

Capítulo 1

¿Qué es un jefe?

Cuando uno quiere saber la ubicación de la calle XX, por lo general pregunta al primer transeúnte que pasa: "Jefe, ¿me guía para llegar a la calle XX?". En estos casos la palabra "jefe" no es utilizada sin razón, ya que estamos dispuestos a tomar el camino que él nos indique aun sin la seguridad de que nos esté llevando al lugar correcto.
Si eso sucediera, he ahí un jefe.

JEFE DE DEMIAN STERMAN

Lo primero que debemos hacer es comenzar preguntándonos

¿Qué es un jefe?

y luego sumar preguntas tales como ¿qué se busca en un jefe?, ¿cómo sería yo como jefe?, para finalmente llegar a la gran pregunta:

¿Cómo se puede matar al jefe?

Entonces, comencemos. Según el *Diccionario de la Real Academia Española* (www.rae.es):

Jefe: superior o cabeza de una corporación, partido u oficio.

Hagamos pues un primer análisis desglosando esta definición:

Superior: El ser superior se acerca mucho a "un Ser Superior, un Ser Supremo". Entonces, si nos basamos en la definición, si el jefe es el *superior*, los demás serán sus *inferiores*, y como tales con su sola presencia ya le estarán generando un problema, pues siempre serán un estorbo para su camino y jamás estarán a su altura. Sumado a que cualquier acto que ponga a ambos frente a frente sólo será considerado como una pérdida de tiempo y energía que aquel jefe o ser superior debería destinar a sus grandes proyectos o proyectos de su clase, o sea: superiores.

Cabeza de una corporación: En este punto consideramos realizar un análisis anatómico para su fácil comprensión. Si el jefe es la *cabeza*, sus empleados necesariamente serán el resto del cuerpo. Algunos conformarán los *brazos* ejecutores, otros las *piernas* que transportan los flujos de información, otros las *espaldas* que cargarán con las grandes presiones. Alguien será el *estómago* que deberá digerir los cambios de rumbo de la empresa, otro proveerá oxígeno para poder respirar, y así sucesivamente.

Sin embargo, para todo jefe, la **anatomía** de la empresa consistirá de **sólo dos órganos**: el que él ocupa —la **cabeza**— y todos los demás serán el **ano** o **recto**, a la postre responsable de todas las deposiciones que se produzcan en el organismo que él encabeza.

En este punto debemos concluir que no todos podrán alguna vez ocupar un lugar de jefatura... al menos mientras ya haya un jefe en ese lugar. Esto es porque, por definición,

un cuerpo admite una única cabeza, por lo que sólo se podrá llegar a ocupar ese lugar de dos posibles maneras: en otro cuerpo/corporación... o eliminando a la cabeza[2].

[2] *N. de los A.*: Tener en cuenta esta definición a la hora de leer el capítulo "Cómo matar al Jefe Hijo de Puta".

Características más destacables de un Jefe Hijo de Puta

Todos los jefes considerados por sus empleados como verdaderos hijos de puta parecen coincidir en una gran cantidad de características que los agrupan y los hacen inconfundibles.

Exploremos algunas de ellas:

- Confunden la acción de *gerenciar* con la de *gobernar*.
- Siempre se encuentran ocupados y carentes de tiempo... aun cuando leen su periódico.
- Se muestran con la cabeza en alto y seguros ante su personal, pero ante sus supervisores miran el suelo con nerviosismo.
- Son aduladores, serviles y exhibicionistas... con sus jefes.
- Para ellos siempre hay una crisis. Aun cuando hay una crisis.
- Siempre hay un culpable, y nunca es él.

Diferencia entre un Jefe Normal o Bueno y un Jefe Hijo de Puta

Intentar buscar la diferencia entre un Jefe Normal o Bueno y un Jefe Hijo de Puta debe ser el primer ejercicio a realizar para saber en qué lugar está uno parado, qué se espera del empleado y finalmente qué le espera al empleado.

He aquí las seis diferencias clave entre un Jefe Bueno y un Jefe Hijo de Puta:

JEFE BUENO	JEFE HIJO DE PUTA
1. Enseña con sus actos.	1. No enseña, actúa.
2. Se rodea de gente capaz.	2. Se rodea de súbditos.
3. Sabe delegar y aprovecha su equipo.	3. No delega. Se aprovecha de su equipo.
4. Pide bien las cosas que quiere. Hace sentir bien a su gente.	4. No hace otra cosa que pedir lo que quiere. Hace parir bien a su gente.
5. Los empleados se acordarán para siempre de ese jefe como un padre.	5. Los empleados se acordarán para siempre de ese jefe y de su madre.
6. Da su vida por la empresa.	6. Da TU vida por la empresa.

El poder de oratoria es una de las herramientas más potentes de las que se vale un Jefe Hijo de Puta (JHDP). Repasemos cinco situaciones verbales cotidianas y veamos cómo se diferencian entre un Jefe Normal o Bueno y un JHDP.

MIENTRAS QUE UN JEFE BUENO DICE	UN JEFE HIJO DE PUTA DICE
1. Muy buen trabajo, progresarás pronto si sigues así.	1. Espero que algún día puedas trabajar como yo y progresar... si sigues aquí.
2. Cuando te sirvas un café, ¿traes uno para mí?	2. ¿Cómo es que tomas y no me traes? ¿Tiene azúcar? Ve y búscate otro para ti.
3. Debemos pensar en bajar el presupuesto en un 50 por ciento sin tocar los sueldos.	3. Debemos bajar el presupuesto y tu sueldo en un 50 por ciento.
4. Debes superarte día a día.	4. Ni pienses que un día dejaré que me superes.
5. Has escalado y te has ganado solo tu ascenso a gerente.	5. Usa la escalera, el ascensor es sólo para gerentes.

Hemos visto en el cuadro anterior que la oratoria es una de las herramientas más nocivas de las que se vale un Jefe Hijo de Puta para tener controlada a su empresa. Metámonos entonces más de lleno en este complejo tema que tiene que ver con

EL PODER DE LA PALABRA... DEL JEFE.

Está claro que la función del jefe es DECIR y la del empleado HACER. Parece sencillo, pero tiene sus bemoles, ya que no es sólo *decir* y *hacer*. No, el jefe le dirá al empleado TODO LO QUE HAY QUE HACER, y el empleado deberá HACER TODO SIN DECIR NI AY.

Pero el HACER del empleado no estará limitado sólo a la acción y al hecho en sí, pues no sólo deberá HACER LA TAREA encomendada, sino también PODER INTERPRETAR CUÁL ES LA TAREA ENCOMENDADA.

He aquí una de las claves de supervivencia en cualquier empresa dirigida por un JHDP:

> **Para poder sobrevivir a un JHDP previamente se debe aprender a decodificar su lenguaje.**

Por ello la atención debe ser una de las principales herramientas del empleado, sobre todo cuando los jefes intentan decir qué es lo que quieren. Porque del *poder de interpretación* dependerá la buena relación que se establezca con ellos.

En la mayoría de los casos siempre hay una leve o no tan leve diferencia entre lo que el jefe pide y lo que su empleado comprende y hace. Esto puede deberse a varias razones:

a) Que en el lapso transcurrido desde que el jefe encomendó la tarea hasta que el empleado la ha realizado, el mismo jefe haya cambiado subrepticiamente de idea.

b) Que alguien (su superior o alguna persona de su entorno) le haya hecho cambiar de idea para su propio beneficio.
c) Que la tarea haya sido exactamente la encomendada por él pero el resultado no fue el deseado debido a un mal cálculo por parte del jefe.
d) **Que el empleado haya interpretado bien lo que se le dijo.**

Como en las primeras tres razones no hay nada que se pueda hacer por parte del empleado, en el siguiente cuadro nos referiremos particularmente al punto (d). Porque casi siempre que un jefe dice una cosa puede estar queriendo decir otra.

Veamos diez casos ejemplificadores:

CASO	TU JEFE TE DICE	TE QUIERE DECIR
1.	Lindo día, ¿no?	YO tengo un lindo día... TÚ NO TIENES que arruinármelo.
2.	¿Puedes venir a mi escritorio, por favor, que quiero hacerte una pregunta?	¡Ven ahora mismo! Nada de lo que estás haciendo es más importante que lo que YO tenga que preguntarte.
3.	Estoy complicado hoy, pero arreglemos una reunión.	Cuando YO pueda nos reunimos. Calcúlalo para dentro de seis meses... si tienes suerte.
4.	Tenemos que lograr los objetivos planteados o no llegaremos a fin de año.	Tenemos que lograr los objetivos que YO he planteado o TÚ no llegarás a fin de año.
5.	Por los próximos treinta minutos no me pasen llamados que voy a estar muy ocupado.	Voy a trabajar mis treinta minutos diarios.
6.	¿Puedes ver qué sucede en mi computadora? Me aparece un cartel azul y no me envía el correo electrónico.	Algo toqué en mi computadora y ahora no funciona. Me la tienes que dejar perfecta, y no te levantes de la silla hasta lograrlo.

CASO	TU JEFE TE DICE	TE QUIERE DECIR
7.	Salgo a una reunión, vuelvo más tarde.	Salgo. Hoy ya no vuelvo.
8.	Si no va a venir al trabajo por enfermedad, por favor tráigame un certificado médico.	Si va a faltar hable con su médico para que le consiga otro trabajo.
9.	Deben esforzarse más por nuestra empresa.	El balance de MI empresa está dando pérdidas... este año NO daremos bonus.
10.	Quiero felicitarlos por el buen año que hemos tenido, ustedes son la gran familia de esta empresa.	El balance de MI empresa dio ganancias gracias a ustedes... este año NO daremos bonus.

Ya vimos cómo funciona el poder de la palabra en un ámbito empresarial. Así como las palabras que conforman el lenguaje se diferencian unas de otras por su significado, sucede lo mismo con los jefes: ellos también se diferencian por cómo los clasifican sus empleados.

Clases de jefes

Al igual que el resto de los seres humanos normales y mortales, cada jefe tiene sus propias características: los hay altos, bajos, gordos, flacos, peludos o pelados, etc. Sin embargo, podemos clasificarlos en diferentes subgrupos basándonos no en rasgos físicos, sino en su manera de ser con —o contra— el empleado. Por ejemplo:

Jefe Online: Es aquel que programa reuniones fuera del horario laboral y luego las suspende a minutos de realizarse. Cuando finalmente logras que te reciba, luego del "buenas tardes" de rigor no hace otra cosa que mirar la pantalla de su computadora y responder e-mails mientras le hablas.

No es que no le intereses, sino que él ya dijo todo lo que tenía para decirte: "Buenas tardes".

Jefe Scanner: Es aquel que, cuando te da la mano, en lugar de mirarte de abajo hacia arriba, te mira de arriba abajo haciéndote sentir aun más pequeño de lo que su trato insinuaba. A esto le agrega el extraño poder mediante el cual, tras "escanearte", logra dejar su mirada congelada por cuatro segundos en aquello que intentabas disimular: tu pantalón descosido, la tela gastada de tu saco o sencillamente tus únicos y desvencijados zapatos. Bueno, ahí ya tienes dos problemas: por un lado tu jefe te hace sentir pequeño e insignificante y por el otro... debes comprar zapatos nuevos (o repararlos, pues él ya reparó en ellos).

Jefe A la Defensiva: Si eres demasiado bueno en tu trabajo, un jefe inseguro podría llegar a verte como una amenaza, y usará todas las herramientas que estén a su alcance para que realices mal tu tarea. Un modo sencillo de salir de este dilema es esforzarte en no ser tan efectivo, lo cual te borrará de la lista de amenazas para su puesto. Una forma de darte cuenta de si eres una amenaza para tu jefe es observar si cuando está contigo evita el contacto visual, se mueve nerviosamente en su silla o te atiende de pie. Por el contrario, si reacomoda papeles, juega con su Palm o recibe llamados de su esposa, pues festeja: tu jefe te considera un perfecto inútil totalmente inepto para ocupar su cargo, y su puesto no corre peligro. Por ende, el tuyo tampoco.

Jefe Camaleón: Tu jefe puede adoptar diversas formas y actitudes que *a priori* contradicen la realidad de sus percepciones, pero que él utiliza para estudiar tu comportamiento y el que lo rodea. Ejemplo: Si tu jefe te habla mal de la empresa, de tus compañeros o de alguna decisión que considera equivocada, trata de no seguirle la corriente. Si insiste en pedir tu opinión, hazte el desentendido y evita toda impresión que te deje como un posible traidor. Es muy probable que te esté evaluando —a ti y a tu lealtad— frente a tus compañeros de trabajo. Lo mejor en estos casos es limitarte a escuchar lo que tenga para decir, mostrarte sorprendido y deslizar frases tales como: "¿Le parece?", "No sé... lo que usted diga... pero cuente conmigo".

Jefe Nervioso: Es aquel que toma no menos de cuatro tazas de café diarias, come sobres de azúcar mientras piensa, no deja de jugar con su teléfono celular y todo lo dice por cuadruplicado: "Sí, sí, sí, sí"; "No, no, no, no"; "Cómo no, cómo no, cómo no, cómo no"; "Veámoslo ahora, veámoslo ahora, veámoslo ahora, veámoslo ahora", y así sucesivamente. Un jefe de estas características es el primer generador de estrés en un ámbito laboral, y lo mejor es responderle siempre sin palabras y con gestos faciales afirmativos, de ser posible, por cuadruplicado. Un dato importante que puedes tener en cuenta y que puede jugar a tu favor es que esta clase de jefes dura poco en su cargo, así como también en el mundo de los seres vivos.

Jefe Desconfiado: El jefe sin confianza en los demás es de los peores jefes que puede tocarte, así que, si puedes, ¡aléjate de él! Nunca estará satisfecho por tu trabajo y además, cuando no le quede otra opción que reconocer lo bien que has trabajado, se esmerará en demostrarte cuánto te ha servido su propio aporte. Ama tener buenos equipos: el equipo de trabajo, el de squash y el de tiro al blanco. En los tres casos sirven para golpear al objeto que se encuentra frente a él.

Jefe "Sí... pero": No hay que confiar en lo que tus oídos oyen. Si tu jefe comienza siempre sus discursos diarios con palabras elogiosas hacia tu trabajo, debes estar atento porque acto seguido vendrá la bajada de línea. Te encontrarás con frases del tipo: "Lo que se hace bien está bien, pero puede mejorarse"; "Esto está casi perfecto, pero... yo le hubiese agregado..."; "Me encanta, sí... pero no es para esta empresa".

Jefe Amigable: ¡Cuidado! Una fachada amigable en un jefe puede encandilarte respecto de sus verdaderas intenciones. Un jefe que se hace el amigo, te cuenta sus problemas conyugales y te invita a un trago después del horario de trabajo es muy probable que luego se ofenda si no compartes con él a tus amigos, lo cual afectará el vínculo laboral. El problema es que es muy probable que tus amigos simpaticen con una persona que los invita con cervezas y luego los lleva a casa en su auto último modelo. Entonces, ¿qué hacer ante este dilema? ¿Cómo evitar que tus amigos se conviertan en los amigos de tu jefe? Pues lo mejor que puedes hacer es presentarle a aquellos amigos de segunda línea, a tus conocidos del bar, gente que no te afecte demasiado perder. Y si no, directamente preséntalo como un amigo a tus enemigos. En ambos casos, no notarán la diferencia.

Jefe con IVA Discriminado: Estos jefes requieren que "el nuevo" de la empresa pase por una Inserción Viciada de Angustia (IVA), llegando incluso a sentirse un extranjero dentro del ámbito laboral. De este modo, tardan un tiempo en dirigirse directamente al recién llegado y utilizan a un tercero como intérprete en sus comunicaciones para con él, por ejemplo: "Dile a González que vaya a la puerta a recibir el almuerzo" sería una frase de lo más común si no fuese porque a) González es personal especializado, no un cadete; b) González habla el mismo idioma que su jefe; y c) ¡González se encuentra parado ahí mismo, a escasos centímetros del jefe y su intérprete! Este lapso (IVA) genera tal resentimiento entre los empleados que lo sufren, que muchos de ellos hacen luego lo mismo con los nuevos que van llegando a la empresa, generando a) una cadena difícil de cortar y b) varios futuros Jefes Hijos de Puta en potencia.

Jefe Motivador: Cumple con el principio básico del progreso: la motivación. Lo discutible es el método utilizado, que consiste en amenazas, humillaciones en público y comentarios permanentes sobre despidos. No es decoroso pero garantiza resultados, pues el objetivo de toda empresa es motivar a sus empleados colocándoles una zanahoria delante. Sucede con este tipo de jefes que la zanahoria nos la ubica detrás, y con serio pronóstico de terminar dentro.

Jefe Nieto de una Gran Puta: Ojo, no es que siga una dinastía ni que exista una familia, casta de sangre azul o hija de puta pura. El Jefe Nieto de una Gran Puta es aquel que estuvo varios años bajo el mando de un Jefe Hijo de una Gran Puta, a partir de lo cual sólo se preocupó por ascender para dedicar su vida a vengarse en sus subalternos.

Jefe Apuesto del Sexo Opuesto: Esto ya crea un dilema: ¿debo elegir el sexo opuesto? ¿O elegir entre sexo o puesto? Aquí ascender, obtener resultados, tener inserción laboral, etc. tienen otras connotaciones, por lo que este ítem merece un capítulo aparte.

El sexo con el jefe

El sexo con el jefe/a genera no pocos conflictos en el ser humano en relación de dependencia, y esto es lógico: se origina en algo que de por sí es ya un conflicto interno para el empleado/a pues involucra *el placer en el trabajo*... lo cual es un contrasentido.

Ahora bien...

¿Se puede mezclar el trabajo con el placer?

Por supuesto que sí. Científicos como Masters & Johnson han publicado gran cantidad de volúmenes sobre *sadomasoquismo*.

El *sadomasoquismo* es entendido comúnmente como un impulso parcial, esencialmente de carácter sexual, pero es algo mucho más profundo y amplio. El *masoquismo* es un estado en el cual la persona experimenta placer sexual cuando es humillada o se le causa daño. El *sadismo*, por el contrario, involucra a personas que encuentran el placer cuando humillan o causan daño.

Esta perturbación sadomasoquista se da en todas las escalas sociales: es común en directivos, empresarios, ejecutivos, personas de mando, políticos, magistrados, banqueros, etc. (de ambos sexos), como una manera de descargar sus tensiones y su estrés.

Cuando un sádico y un masoquista se involucran sexualmente entre sí alcanzan la completud de la relación que en este caso —obviamente— llamamos relación sadomasoquista.

Por supuesto que, entre las infinitas posibilidades de alcanzar el placer sufriendo/haciendo sufrir, está la de tener sexo con el jefe. Pero ¡cuidado! Una relación sexo-laboral puede alcanzar el nivel máximo de belicosidad latente que puede generarse entre un jefe/a y su empleado/a, y es de máxima peligrosidad. ¡Incluso algunos han llegado al colmo de casarse!

Pensemos por un instante: si ya es complicado llevarse el trabajo al hogar, ¡imagine lo que es llevarse el hogar al trabajo!

Veamos algunas frases de oficina que pueden llegar a oírse en medio de un acto sexual con un superior:

- "Muy bueno, lo quiero por triplicado."
- "Dejo todo esto en sus manos, lo quiero listo en diez minutos."
- "A mí también me gustaría un aumento, pero como están dadas las cosas..."
- "Ahora no, se me cayó el sistema."
- "Discúlpeme, hemos hecho hasta lo imposible pero no hay posibilidad de un ascenso."
- "Habría que comparar con otros miembros."
- "No olvide que mañana tenemos una ponencia."
- "Las ocho es el horario de apertura."
- "No me parece que sea buena la posición que usted está teniendo."
- "A pesar de ser la jefa, elevo un pedido de paro y movilización."

Ahora, imaginemos por un instante: a los problemas que suelen acarrearse por no tener una buena performance sexual con una pareja (mujer, hombre, da igual) agrégale pues los problemas que tienes con tu jefe/a por fallar en el trabajo.

¡Eso es sadomasoquismo!

Actividad: A lo largo de este capítulo hemos argumentado las diferencias más notorias que se pueden encontrar entre un jefe normal (también llamado Jefe Bueno) y un Jefe Hijo de Puta (JHDP). A continuación ofrecemos un "Ejercicio de comprensión": Debes encontrar las seis diferencias entre los dos cuadros que a simple vista parecen similares. Si logras dar con ellas habrás asimilado los primeros conceptos de supervivencia frente a un JHDP.

NOTA: Si no has encontrado ninguna de las diferencias, tienes un JHDP y no notas la diferencia.

Capítulo 2

Ser jefe, ser líder

Los líderes piensan en los beneficios de sus acciones.
Los jefes no sólo debemos pensar en los beneficios
de las acciones, sino también en la rentabilidad
anual que nos dan en la Bolsa.

JEFE DE DEMIAN STERMAN

El líder responde por sus actos,
el jefe si no tiene ganas no responde.

JEFE DE DAVID ROTEMBERG

¿Ser jefe es ser líder?

El mundo moderno nos llena cada vez más de información al borde de saturarnos (Internet, libros, tratados, manuales, etc.), con la cual pretende ayudar a la gente a solucionarle la vida. ¿Solucionar la vida? ¿Qué le hace pensar al mundo que la vida tiene solución? La vida es —y debe ser— así tal como es, problemática. Es más, siempre ha sido así, desde que existen la Tierra y el hombre sobre ella.

En este punto es bueno preguntarse: ¿habría cambiado algo en la historia de la humanidad si Adán hubiera leído un manual de management o autoayuda? Bueno, si nos ponemos puristas con el lenguaje, de seguro ni tú ni nosotros estaríamos aquí si Adán no le hubiera prestado atención a Eva precisamente por hallarse entretenido con la tarea *manual* de *autoayuda*.

Pero en realidad no es de autoayuda de lo que estamos hablando en esta obra, así que no podemos responder aquella pregunta con certeza, aunque sí estamos en condiciones de decir que *tal vez sí* hubiera cambiado la vida de Adán —y por ende la historia del mundo— si un libro como este que en este preciso instante estás leyendo hubiera caído en sus manos, pues le habría permitido prever lo que le esperaba bajo el mando de su primer jefe: Dios Todopoderoso.

(*N. de los A.:* Para evitar complicaciones hogareñas, omitiremos cierta información y no diremos nada de lo que le ocurrió a Adán cuando Eva se convirtió en su segunda y definitiva jefa.)

Es que si bien sobran ejemplos en los cuales el comportamiento humano es previsible y sencillo, en la gran mayoría de los casos su estudio en esta era de la modernidad es una tarea harto complicada. Ahí donde se creía que ya estaba todo planteado y sabido acerca de las interacciones humanas en el ámbito laboral llega y se incorpora un nuevo término y, con él, toda una lógica detrás: EL LÍDER.

Nuevamente hemos decidido adentrarnos en las páginas del *Diccionario de la Real Academia Española*, y encontramos:

Líder: persona a la que un grupo sigue, reconociéndola como jefe u orientadora.

Esto nos permite establecer rápidamente una primera diferenciación:

JEFE no es lo mismo que LÍDER.

Ambos son los que van adelante, pero mientras que al jefe se lo obedece por imposición, al líder se lo reconoce y —por ello— se lo sigue. Conclusión:

Un JEFE puede o no ser también un LÍDER.

Ahora bien, ¿qué es mejor?

¿Ser LÍDER o ser JEFE?

Veamos algunas sutiles diferencias entre un LÍDER y un JEFE y saquemos nuestras propias conclusiones:

LÍDER	JEFE
1. Si algo le sale mal, con la ayuda de su equipo intentará revertirlo.	1. Si algo le sale mal, es culpa de su equipo, e intentará reventarlos.
2. Hace reuniones en mesas redondas para generar una tormenta de ideas.	2. Hace reuniones en las que te atormenta y jamás redondea una idea.
3. Desde el conocimiento y el respeto se gana a su gente.	3. Su gente no lo respeta desde que tiene conocimiento de lo que gana.
4. El líder tiene peso y su frase es: "Todos para uno, uno para todos".	4. Su frase es: "Todo para mí y un peso para todos".
5. En los momentos críticos dice: "Tranquilo, ya lo solucionaremos, ahora vete a descansar y vuelve mañana".	5. En los momentos críticos dice: "No estés tan tranquilo. Si no lo solucionas, vete y mañana ya no vuelvas".
6. Cuando muere un líder, se hace célebre.	6. Cuando muere un jefe, se celebra.

El lugar del liderazgo

La definición de liderazgo previamente citada puede reducirse a una sola palabra:

Influencia.

Cuando una persona, ya sea por carácter, capacidad, pasión y/o ejemplo, genera de modo natural que otros lo sigan, estamos frente a un líder.

Tal como también hemos podido ver, las formas de trabajo de un líder difieren muchísimo de las de un jefe, lo cual le da al primero algo así como un halo de superioridad que es admirado —y hasta envidiado— por el segundo. Es por esta razón que la mayoría de los jefes sueña con ser también un líder, y para ello son capaces de tomar todo tipo de cursos de liderazgo con el fin de alcanzar ese objetivo en sus empresas.

Según estos cursos, un verdadero líder influye en la vida de quienes tiene a su alrededor:

- Mostrándoles el camino a seguir.
- Desarrollando capacidades.
- Creando ámbitos para que sus seguidores continúen su tarea más allá de él mismo.

Esto es muy similar a lo que hace un jefe, excepto porque:

- *Muestra un camino a seguir*... desde su oficina hasta el escritorio del empleado.
- *Desarrolla en sus seguidores capacidades*... para decir: "Sí, señor, tiene usted razón, señor... ¿El café con azúcar, señor?".
- *Crea ámbitos para que sus seguidores continúen su tarea más allá de él mismo*... por ejemplo, dándoles a los empleados carísimas computadoras portátiles y celulares con abonos ilimitados. Con estos "beneficios" inconscientemente el empleado (o el empleado inconsciente —da igual—) se lleva trabajo de la oficina a la casa, incluso hasta el baño.

En muchos casos, no sólo los jefes concurren a los talleres de liderazgo, sino que también son invitados/obligados a participar algunos empleados, los más influyentes dentro de la estructura de la "unidad de negocio" (eufemismo utilizado en estos cursos para decir "la empresa").

Aunque no lo parezca, esta "invitación" al empleado a participar de los talleres de liderazgo tiene una lógica, la cual va en dos sentidos:

- Que quienes son parte de la masa de empleados pero tienen cierto liderazgo sobre el resto puedan ver con sus propios ojos que "el jefe busca un cambio de actitud para bien de la tarea común".

- Un lavado de cabeza del "líder obrero" para que actúe en connivencia con las decisiones que pudiera tomar el jefe y —lo más crucial— que se sienta parte importante y hasta se vea como un par de los que comandan.

Así, y por el tiempo que dura el taller en cuestión, el "líder obrero" será llevado a una residencia de ensueño, donde vivirá y comerá alimentos gourmet, tendrá una habitación sólo para él y recibirá todo el afecto y cariño de su jefe. Recibirá también la promesa de que esta situación será cotidiana... siempre y cuando él entienda lo importante de apoyar las decisiones empresariales que vendrán próximamente, tales como reducciones salariales, recortes presupuestarios, reasignaciones, retiros voluntarios y despidos.

En síntesis, estos cursos son muy útiles para el empleado. Si bien no lograrán convertir al jefe en un líder, permitirán al empleado ser testigo de la verdadera magnitud de la *influencia* de un líder natural. Porque sólo un líder real, con su gran influencia, puede lograr venderle a una empresa la realización de estos costosísimos e inútiles cursos de liderazgo.

ACTIVIDAD: La siguiente es una actividad de reflexión. En pocas palabras: mira y reflexiona.

UN LÍDER

UN JEFE

CONCLUSIÓN: Más allá de liderazgos o jefaturas, lo importante no es a quién se sigue, sino adónde: ambos podrían estar llevándote a un mismo abismo.

Capítulo 3

El origen del concepto de Jefe HDP

Detrás de todo gran hombre hay una gran mujer.
Detrás de todo gran Jefe Hijo de Puta hay una gran madre preocupada por lo que estarán diciendo de ella.

JEFE DE DEMIAN STERMAN

El origen del Jefe HDP

Ya hemos visto qué cosa es un jefe, ahora investiguemos su origen. Quizás una vez que conozcamos de dónde viene, sus raíces y su historia, podremos respondernos por qué el jefe es como es, hacia dónde va y —lo más importante— qué diantres quiere del empleado.

Para ello es necesario estudiar la historia del hombre, su prehistoria, e incluso ir más allá de la antropología a fin de indagar en los comienzos de la vida misma sobre la Tierra. Probablemente arribemos a la conclusión de que la primera jefa de las amebas era ya una reverendísima HDP.

Repasemos entonces aquellas teorías acerca del origen del hombre (todas contrapuestas entre sí al punto de originar posiciones históricas irreconciliables) e intentemos con ellas explicar el origen de los Jefes Hijos de Puta.

A continuación, veremos cada una y analizaremos su aplicación y grado de viabilidad a través de sus puntos a favor y en contra:

Teoría darwiniana de la evolución de los jefes

Aquellos que defienden la aplicación de la teoría del célebre Charles Darwin al origen de los JHDP se inclinan por una evolución paulatina (en realidad se trataría más bien

de una *involución* e incluso de una *degeneración* de la especie humana).

Ese que hoy es tu jefe comenzó con una primera etapa de *arrastre* (no es que arrastraba gente con él, sino todo lo contrario: vivía arrastrándose). Luego fue evolucionando hasta ponerse en *cuatro patas* y más tarde pasó por una etapa de *encorvarse e inclinarse* ante sus superiores. Después, con los sucesivos ascensos, fue disminuyendo los grados de la curvatura de su columna vertebral hasta que finalmente logró permanecer *erguido* por completo.

Exactamente ése, el instante en que se pone de pie a noventa grados del piso, es el que los científicos sitúan como "el paso de jefe común a HDP", pues ahí comienza a caminar pisoteando a los demás miembros de la especie trabajadora que se encuentran aún en el principio del ciclo evolutivo, es decir... *arrastrándose, poniéndose en cuatro patas* y *encorvándose* para ser pisoteados.

PROPIEDAD DE LA PROPORCIÓN DE LA EVOLUCIÓN: La evolución del jefe es *inversamente proporcional* a la de sus empleados, ya que cuanto mejor parado y posicionado se encuentre él, más deberá arrastrarse su entorno laboral.

- (+) Punto a favor de esta teoría: Justifica plenamente el hijoputismo, ya que alguien que para lograr ponerse de pie primero debe *arrastrarse*, luego ponerse en posición sodomita, más tarde inclinarse y hacer monerías para ascender, sólo tendrá tres opciones de reacción posibles:

a) Renuncia.

b) Se muere.

c) Degenera en Gran Hijo de Puta.

- (–) Punto en contra de esta teoría: Su aplicación supone un círculo vicioso que no puede explicar por sí misma: por qué el JHDP comienza el ciclo arrastrándose y recién cuando está completamente erguido —y supuestamente evolucionado— se convierte en un reptil repugnante.

GRADO DE VIABILIDAD: **4**

El principio de Arquímedes

Según el célebre principio del físico y matemático griego Arquímedes de Siracusa, "todo cuerpo que se sumerge en un líquido experimenta un empuje de abajo hacia arriba igual al volumen del líquido desplazado".

Trasladando dicho enunciado al caso de los JHDP, deberá entonces entenderse que "todo jefe que ejerce presión sobre una masa de empleados experimenta un empuje de abajo hacia arriba equivalente al volumen de liquidez del salario de los desplazados".

PROPIEDAD DE LA PROPORCIÓN DE LA LIQUIDEZ: Aquí, el detalle importante está en cuán turbios son los manejos de esa "liquidez", puesto que la hijoputez del jefe crece en forma *directamente proporcional* al grado de turbiedad del negocio.

En otras palabras: cuanto más turbio es el origen de los fondos, más HDP será el jefe.

- (+) Punto a favor de esta teoría: Aunque una empresa naufrague, el JHDP siempre logra emerger, por lo tanto esta teoría cumple con aquello de que "la mierda flota".

- (-) Punto en contra de esta teoría: Esta teoría no alcanza a explicar por qué los que están debajo de la línea de flotación son los que trabajan, y el que está arriba nada, nada y nada.

GRADO DE VIABILIDAD: **6**

Teoría de "el huevo o la gallina"

"¿Qué es primero? ¿El huevo o la gallina?" Quienes intentan aplicar esta teoría al origen del Jefe Hijo de Puta proponen: "¿Qué es primero? ¿El JHDP o el empleado inepto?".

Aquí se presupone cierto grado de justicia en el maltrato de un jefe a su empleado, según sea el grado de aptitud o ineptitud que tenga este último. Esto explica:

a) Por qué esta teoría es muy popular entre los jefes.

b) Por qué su utilización para justificar el origen de los JHDP habría sido propuesta ya no por uno, sino por varios JHDP.

PROPIEDAD DE LA PROPORCIÓN OVAL-GALLINÁCEA: En este caso, al intentar justificar el destrato de un JHDP hacia un empleado inepto no hablaremos de crecimiento directamente proporcional ni inversamente proporcional a la ineptitud de éste, debido a que es *directamente desproporcionado*.

- (+) Punto a favor de esta teoría: Podría decirse sin temor a equivocarse que el JHDP nace en efecto de un huevo. Más precisamente, de uno de los dos huevos del empleado, muy inflamados por el maltrato recibido desde que era un pollito.

- (–) Punto en contra de esta teoría: La justicia y el jefe son totalmente antagonistas (pese a que los jefes insistan en lo contrario). Si no, no se explica cómo, ante empleados probos, responsables y cumplidores, el jefe continúa de todos modos siendo un tremebundo HDP.

Dicho de otro modo, la propiedad reflexiva *puede cumplirse o no*. Veámoslo en la siguiente ecuación:

PROPIEDAD REFLEXIVA: Si $A = B \Longrightarrow B = A$

Siendo J = Jefe y E = Empleado

$$\text{Si } E = 1\text{HDP} \Longrightarrow J = 1\text{HDP}$$

$$\text{Pero si } E \neq 1\text{HDP} \Longrightarrow J = \text{ó} \neq 1\text{HDP}$$

GRADO DE VIABILIDAD: **5**

Ley de Ohm (Ω)

La ley de Ohm indica que en un circuito eléctrico la TENSIÓN es igual a la INTENSIDAD por la RESISTENCIA.

Tomando

E = Tensión; I = Intensidad y R = Resistencia

tenemos que

$$E = I \times R$$

Despejando incógnitas, tenemos también que

$$I = E / R$$

y que

$$R = E / I$$

Veámoslo en el siguiente esquema:

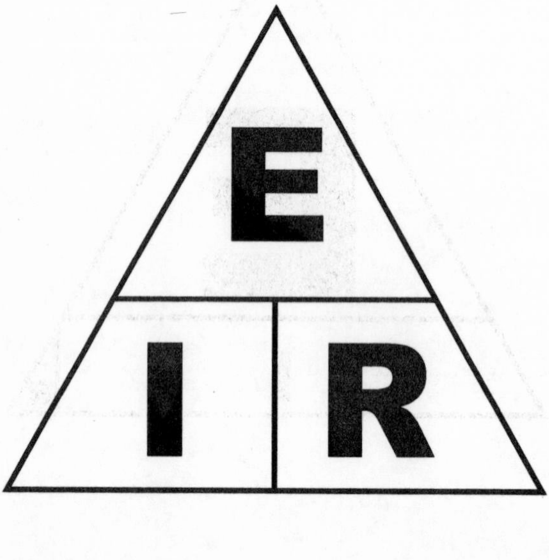

Trasladando esto de $E = I \times R$ a nuestro problema de entender el origen de los Jefes Hijos de Puta, tendremos pues que la TENSIÓN (E) del jefe será el resultado de multiplicar la INTENSIDAD (I) en el trabajo por la RESISTENCIA (R) del empleado.

Por lo tanto, despejando incógnitas tendremos que la RESISTENCIA del empleado es el resultado de la TENSIÓN del jefe sobre la INTENSIDAD del trabajo ($R = E / I$).

Del mismo modo, la INTENSIDAD del trabajo será el cociente entre la RESISTENCIA del empleado y la TENSIÓN del Jefe (I = E / R).

Hasta aquí, todo es algebraicamente correcto, la teoría funciona a la perfección en lo que habitualmente conocemos como un "sistema en equilibrio". Pero... ¿es nuestro jefe equilibrado? ¿Se cumple la ley de Ohm en el caso de que nuestro jefe sea un Hijo de Puta en potencia (HDP^2)?

Veamos el siguiente diagrama:

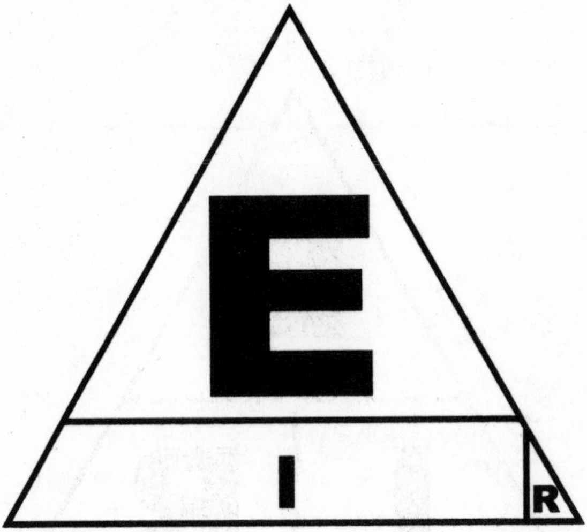

Como podemos ver, para lograr una mayor INTENSIDAD en el trabajo se debe aumentar la TENSIÓN del jefe, y eso provoca una importante reducción en la RESISTENCIA del empleado. Es decir: se cumple I = E / R.

El problema se da cuando la INTENSIDAD en el trabajo es mayor pero también es mayor la RESISTENCIA del empleado al maltrato. ¿Qué pasa con la TENSIÓN del jefe?

Observémoslo esquemáticamente:

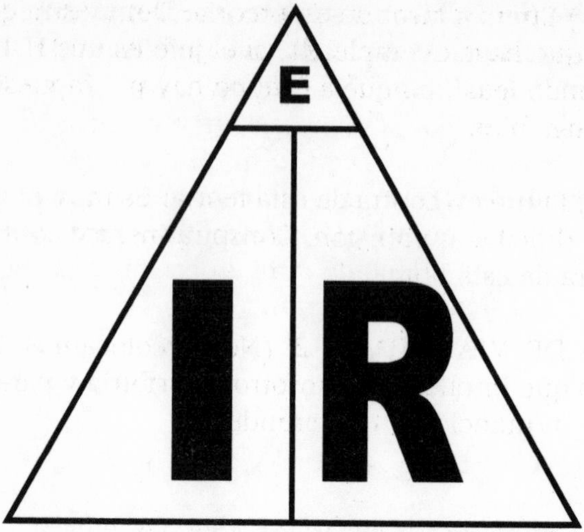

Lo cual es totalmente imposible en la realidad debido a la...

PROPIEDAD DE PERDURABILIDAD DE LA TENSIÓN: Esto refiere al siguiente razonamiento. Por más INTENSIDAD en el trabajo y RESISTENCIA al maltrato que oponga un empleado, un jefe es HDP y *jamás* disminuirá la TENSIÓN sobre el empleado. Todo lo contrario, el muy HDP generará la TENSIÓN suficiente como para que:

a) La RESISTENCIA del empleado toque su límite y renuncie.

b) La INTENSIDAD en el trabajo disminuya y sea despedido.

c) La TENSIÓN sea tal que, viendo que el empleado continúa ahí e igual trabaja, el Jefe HDP fallezca víctima de un infarto múltiple de miocardio.

- (+) Punto a favor de esta teoría: Demuestra que, haga lo que haga el empleado, si el jefe es un HDP seguirá siendo igual, porque a éste no hay p... ropuesta que le venga bien.

- (–) Punto en contra de esta teoría: Es muy engorrosa y de difícil comprensión. Conspira incluso contra la lectura de este libro.

GRADO DE VIABILIDAD: **2** (No le colocamos **1** por el esfuerzo que implicó para nosotros escribirla y para ustedes leerla, y ni mencionar comprenderla.)

La teoría final: origen del origen, u origen bíblico

Parte de un precepto fundamental: "Todo aquel que se ponga el saco de jefe, aunque sea por un momento, sentirá un poder que va más allá del resto de los mortales".

En el caso del JHDP esto se ve exacerbado pues siente un *poder absoluto*, la suma de *todos los poderes*. Pero he aquí que el primer jefe que puede considerarse todopoderoso es, ni más ni menos... el Todopoderoso.

Si prestamos atención a los discursos de la mayoría de los jefes en cuestión, veremos que en todos ellos encontramos algún rasgo de tipo mesiánico: "Nos ha tocado una época difícil"; "Se nos ha encomendado la dura tarea de..." o directamente: "La empresa soy yo".

La teoría final: origen del origen, u origen bíblico, entonces, considera a la Tierra como una **gran empresa**, a su Creador como el **jefe** y a la humanidad toda como el **plantel de empleados** de la gran compañía.

Llegado este punto, estamos en condiciones de reconocer actos de Dios como los de un gran Dios Jefe, por ejemplo:

- ...y Dios Jefe puso una manzana, la más roja y sabrosa, al alcance de todos... *y exigió que nadie la tocara.*

- ...y Dios Jefe dijo: "Te he hecho a mi imagen y semejanza... *pero el perfecto y Todopoderoso soy yo".*

- ...y Dios Jefe, tan sólo llevando su sexto día de trabajo... *ya descansó.*

- ...y Dios Jefe, cuando vio que las cosas no iban tan bien, generó una catástrofe, hundió la gran empresa y pidió a sus empleados que volvieran a empezar... *no sin antes ordenar que ellos mismos construyeran un arca para que se salvaran unos pocos —los más probos de la empresa— por sus propios medios.*

- ... y Dios Jefe creó un reglamento de diez normas que todos deben cumplir... *menos él.*

- ... y Dios Jefe —dicen todos— está en todos lados... *pero cuando las papas queman nadie lo puede ver.*

- ...y Dios Jefe, viendo que su empleado ya no podía con la empresa, le incorporó un miembro femenino... *a COSTILLAS de su propio empleado.*

- ...y Dios Jefe, no conforme con las andanzas de su hijo, hizo un nuevo testamento... *y éste comenzó otra empresa que compite con la del Padre.*

• (+) Punto a favor de esta teoría: Nos da una visión esperanzadora acerca de nuestra vida y la de la empresa, pues nos permite imaginar que en definitiva (y al igual que Dios) "por algo será" que nuestro jefe hace las cosas que hace.

- (–) Punto en contra de esta teoría: Nos obliga a blasfemar, puesto que nuestro jefe se cree Dios pero su comportamiento nos hace recordar al mismísimo Diablo, Demonio, Mefistófeles o Belcebú.

GRADO DE VIABILIDAD: **10**

Capítulo 4

El plan de negocios: *nuestro* plan, *sus* negocios

La escalada hacia ser jefe se parece mucho a los espermatozoides. Son un millón en la carrera pero sólo uno trabaja bien y llega... Ése es el verdadero creador.

JEFE DE DAVID ROTEMBERG

Una de las actividades principales y cotidianas de un jefe es (o debería ser) pensar y crear proyectos para la empresa.

Debemos ser honestos en este punto y decir que, efectivamente, a veces los piensa y los crea él mismo, pero la gran mayoría de las veces los "toma" de su equipo de trabajo, que piensa y crea para él.

Una vez que se pensó (o se tomó prestado) un proyecto, éste debe ser sometido a la aprobación de quien corresponda (directorio, gerencia, inversionistas, accionistas, etc.) y recién ahí, en caso de ser aprobado, se convertirá en viable y por ende se llevará a cabo.

Tenemos entonces una primera conclusión:

> La viabilidad de un proyecto no depende sólo de haber nacido de una buena idea sino también de que pueda ser presentado de forma vendedora para demostrar —o hacer creer— su factibilidad y conveniencia.

Por lo tanto, esa presentación lo es *todo* (incluso a veces es más importante que el proyecto mismo, debido a que sólo se hace para que el jefe justifique su sueldo y su propia existencia mostrando que "pensó" algo). Por ello debe ser hecha con toda la pompa y rimbombancia.

Bueno, a esa presentación se la denomina...

Plan de Negocios.

O sea que el Plan de Negocios viene a ser algo así como el *curriculum vitae* de un proyecto y, en la gran mayoría de los casos, de su presentación depende que los banqueros, posibles inversionistas y capitales buitres consideren o no a una empresa como "digna de inversión", es decir que podríamos concluir que, a veces, de un Plan de Negocios depende la existencia de la empresa.

> El Plan de Negocios es entonces la planificación que justifica el proyecto de un jefe. Por ello la presentación es muy importante... aunque el proyecto que se presenta rara vez se cumple.

Luego de muchas idas y venidas, nervios, alegrías, felicitaciones, reuniones con su equipo de trabajo en la oficina y en otros lugares —incluidas reuniones fuera de la ciudad—, el jefe considera que el Plan de Negocios está *perfecto* como para hacer la presentación y lo aprueba.

> No existe el Plan de Negocios perfecto en cuanto a su infalibilidad, pero sí en cuanto a la conformidad del jefe (recuérdese que el Plan es suyo —del jefe— aunque surja de todo un equipo).

He aquí otro dato importante: El Plan de Negocios no es preparado por el jefe sino por su equipo de trabajo, que sigue a rajatabla sus indicaciones, obedece sus órdenes, soporta sus estados de ánimo y complace todos y cada uno de sus caprichos respecto de *su* proyecto y —por ende— de *su* Plan de Negocios.

Podrías decir: "Bueno, para eso es su equipo de trabajo".

No. Negativo. Nones. Para un jefe, contar con un equipo de trabajo que desarrolle el Plan de Negocios es imprescindible, pero no por la importancia del trabajo en equipo, sino para tener individualizados de antemano a los "culpables" en caso de fracaso rotundo.

A continuación, algunos *tips* que te podrían llegar a ser de suma utilidad a la hora de realizar tu primer Plan de Negocios y presentárselo a tu jefe:

- Un mal Plan de Negocios siempre debe ir acompañado de un buen vino.

- La fuente de la letra del proyecto debe ser mínimo de cuerpo 14, interlineado doble, hoja tipo carta y con muchos gráficos, preferentemente de un tamaño entre grande y enorme. Esto permitirá que el proyecto ocupe gran cantidad de hojas. (Es muy importante este concepto: *Los planes no se evalúan por el peso de sus ideas sino por el peso de sus carpetas*).

- Un Plan de Negocios, para que sea rápidamente aceptado, debe incluir al menos dos (2) reuniones en lugares paradisíacos que requieran de la presencia del jefe. Esto no necesariamente lo inspirará a la hora de la creatividad en el trabajo, pero le facilitará justificadas escapadas con su secretaria.

- Los resultados del Plan de Negocios *siempre* tienen que ser *positivos*. Al menos en teoría. Para los resultados negativos está la puesta en práctica.

ADVERTENCIA: Si decides —o no puedes evitar— formar parte del equipo de trabajo de un JHDP y participar en el armado de un Plan de Negocios, debes tener en cuenta que tu reputación y tu futuro cambiarán radicalmente a partir de ese momento. Es más: Tu vida está anclada al éxito del Plan.

El siguiente gráfico de ejes cartesianos nos muestra cómo varía la reputación del empleado encargado del Plan de Negocios a medida que pasa el tiempo... y el Plan.

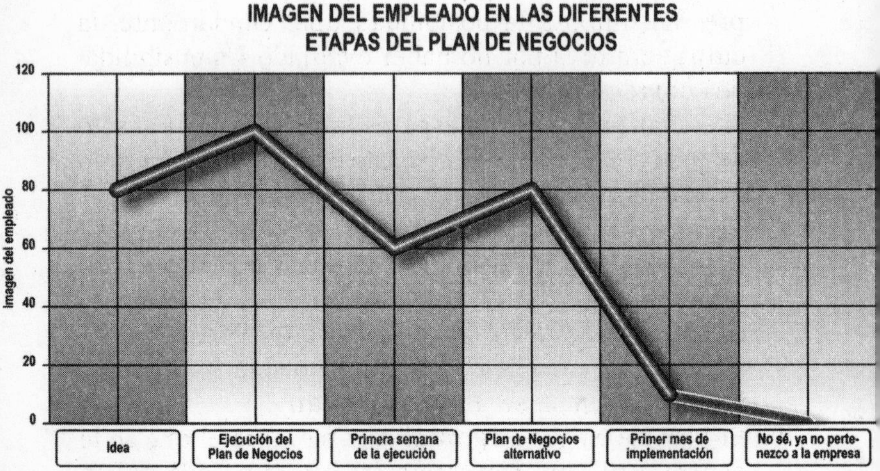

De numerosos testimonios obtenidos hemos compilado el siguiente...

Decálogo del Plan de Negocios perfecto

1. Un Plan de Negocios se hace **siempre** para no ser respetado **jamás**.
2. A la hora de evaluar el éxito del Plan, a nuestro jefe no le interesa el **cómo** sino el **cuánto**. Más precisamente el **cuánto... me ahorro**.
3. Si un Plan de Negocios tiene que ser explicado con muchas palabras, fracasará sin explicaciones, dejándonos mudos.
4. El premio al resultado de tu Plan de Negocios no es el éxito, sino que logres sobrevivirlo y echen al de al lado.

5. Si para la aprobación de un Plan de Negocios se requiere de muchas reuniones, dicho plan será modificado infinitamente. Por el contrario, si es aprobado con rapidez... también será modificado infinitamente.
6. Si las posibilidades de éxito son de mil a una, siempre se cumplirá la posibilidad una. Obviamente, la culpa será tuya por no haber evaluado las posibilidades **correctamente**.
7. Si el Plan sale bien, no esperes felicitaciones: era sólo lo que se esperaba de ti. Si sale mal... también era lo que se esperaba de ti.
8. En el preciso momento en que comience a efectivizarse el Plan de Negocios **perfecto** será necesario poner en marcha el **Plan de Perfeccionamiento del Problema del Plan de Negocios Perfecto**.
9. Si nuestro Plan sale bien, el mérito será de **nuestro jefe**. Si sale mal, será **nuestro plan**.
10. El Plan de Negocios **genial** será siempre el que se le ocurre a tu jefe. Por supuesto, estará basado en un plan anterior presentado por ti y rechazado de plano por él por ridículo e inviable.

Capítulo 5

E-mails y el correcto uso de la informática en la oficina

El disco rígido es el elemento más importante
de una computadora y el jefe rígido, de una empresa.

JEFE DE DEMIAN STERMAN

A comienzos del siglo XX, en los albores de la Era Industrial, la relación de los jefes con la tecnología era diferente de la que mantenían los empleados, y podía resumirse del siguiente modo:

- El jefe tenía acceso a la información y el empleado no.
- El jefe tenía auto y el empleado no.
- El jefe tenía los recursos y el empleado no.
- El jefe accedía al confort y a las primeras máquinas para el hogar y el empleado no.
- El jefe etc. y el empleado no.

Hoy, la tecnología ha cambiado todo pues Internet facilita y acerca el mundo al instante a cualquiera que se conecte a la Web. Por lo tanto, la relación se ve resumida a la siguiente frase:

El jefe tiene Internet y el empleado no.

Entonces tenemos que en la actualidad la "Gran Red" pone "virtualmente" frente a los ojos del empleado —en los casos en que los jefes lo permiten— un mundo moderno y desarrollado al cual, de otro modo que no fuera "virtual", jamás tendrá a su alcance.

Como era de prever, la incorporación de Internet a las empresas trajo como consecuencia un cambio profundo en la manera de comunicarse del empleado con el mundo exterior, pero sobre todo —y muy especialmente— con su propio entorno laboral. Valga como ejemplo la siguiente anécdota.

Un jefe, de los considerados MHDP (Muuuuuy Hijos De Puta), le negaba el aumento a su empleado, recordándole lo que habían mejorado sus condiciones laborales desde que en la empresa se instaló la Intranet (Internet sólo de acceso local, sin salida a la Web exterior): "¿Recuerdas que antes se te exigía que perdieras varias horas redactando extensos y engorrosos memorándum que luego debías enviar por triplicado? Bueno, ahora, gracias a la Intranet, sólo tienes que perder varias horas redactando extensos y engorrosos memorándum pero luego, con un solo click, lo envías 'Con copia a' y listo. Y como si fuera poco no te ensucias las manos con el papel carbónico. ¿¡Y me pides aumento, desagradecido!?".

Sin embargo, y aunque resulte obvio, debemos aclarar que el uso de la computadora y de Internet no es lo mismo para un empleado que para su jefe.

Veamos sólo algunas diferencias clave como para ilustrar:

EL EMPLEADO	**EL JEFE**
1. Puede ver cómo anda el resto del mundo mientras usa la Internet de la empresa.	1. Puede ver cómo está la empresa por Internet mientras anda por los Estados Unidos o el resto del mundo.
2. Puede tener —o no— contacto con una computadora.	2. Tiene contacto con su secretaria, que puede tener —o no— contacto con su computadora.
3. Enciende la computadora para navegar.	3. Apaga la computadora y se va a navegar.
4. Lo que está en su computadora es inalcanzable: puede verlo, pero no tocarlo.	4. Está siempre en su computadora pero es inalcanzable: no se lo puede ver ni tocar.

EL EMPLEADO	EL JEFE
5. La computadora es el medio a través del cual tiene el mundo a su alcance.	5. No hay computadora que le alcance y tiene a medio mundo atravesado.
6. Internet es un elemento de constante consulta.	6. Internet es un elemento que constantemente insulta.
7. Se parte de que la computadora es el medio para su trabajo y no el fin.	7. Se mete en la computadora del empleado, ve su trabajo y lo parte al medio. Es el fin.

Hoy por hoy, el mundo empresarial presenta dos grandes divisiones entre aquellos que navegan por Internet: una gran mayoría para la cual la Red ya se ha convertido en un vicio, y una pequeña minoría a punto de enviciarse a la brevedad.

Y es así nomás: los empleados invierten tiempo en nada y sus jefes lo saben. Pero frente a esa distracción o efecto "no deseado" existe un efecto sumamente beneficioso para las empresas: si se les provee Internet de conexión rápida a los empleados, éstos preferirán ir al trabajo en vez de quedarse en sus casas... aunque más no sea para navegar gratis.

Por lo tanto, al evaluar el "gasto" en Internet para el personal (jamás se llama "inversión" a una erogación hecha para los empleados), sólo obtiene la aprobación si se lo incluye dentro del presupuesto del Servicio de Red para los Altos Cargos, como un anexo menor.

He aquí el primer punto de la cuestión:

> Para el jefe, el empleado pasa a formar parte de su red. Por ende, el entorno laboral pertenecerá al ciberespacio del jefe, adoptando para sí leyes propias de la realidad virtual.

Leyes que rigen en el entorno laboral dentro del ciberespacio del jefe

- Para el jefe, el empleado es su SERVER (SERVIDOR).

- La tecnología de hoy exige "mayor velocidad a menor precio". Por lo tanto, el entorno laboral también exigirá mayor velocidad pagando el menor precio posible.

- Para el jefe, su cabeza es la CPU y las cabezas de sus empleados, sus PERIFÉRICOS. Por tal motivo, cuanto más llenas y saturadas de información estén las cabezas de sus empleados, más liviana y veloz irá la de él.

- El entorno laboral obliga a diario al empleado a leer páginas que son totalmente inútiles. Exactamente lo mismo que en Internet.

- Si el sistema se carga de tensión, todo comienza a funcionar mal y llega al borde de quemarse. El entorno laboral siempre está al máximo de la tensión, y los que están al borde de quemarse son los cerebros de los empleados.

- Por más que un empleado se actualice y reclame, su jefe siempre tendrá una versión más rápida sobre el mismo tema.

- MUY IMPORTANTE: por más que se insista con que todos los empleados están del mismo lado, muchos de ellos son *spyware* del jefe.

- En este punto préstese especial atención a los *sindicalistas*, que para el jefe son verdaderos *virus* dentro del entorno laboral: contagian a todos los *servers*, consumen los *recursos*, provocan un *paro general* dentro del sistema y no hay antivirus (al menos no legal) que permita neutralizarlos.

Y no sólo hay leyes, sino hasta enunciados matemáticos y propiedades físicas también.

Enunciados matemáticos que rigen el entorno laboral del ciberespacio del jefe

De los axiomas de Peano: En la mayoría de los casos los empleados son sólo números, no naturales y vacíos.
Uno no es sucesor de ningún número natural. Seguramente no será sucesor de nada.

Postulados de Euclides: Todos los jefes rectos son iguales, rectos. Desde el punto de la silla de trabajo del empleado hasta cualquier punto de la oficina del jefe se puede trazar una recta. Toda recta trazada desde la oficina del jefe se puede prolongar indefinidamente, incluso pasando despedido por la puerta de salida del lugar de trabajo.

Propiedad reflexiva negativa: Si el jefe navega en Internet, está ganando tiempo. Si el que lo hace es un empleado, lo está perdiendo.

De la proporción del interés: Internet es un gran mundo virtual donde el ocio es su principal y más importante objetivo, de ahí que "cuanto más interesante sea lo que se encuentra a través de la Red, su utilidad para el trabajo disminuirá de modo inversamente proporcional".

Propiedad transitiva de la propiedad: Si usted no tiene Internet pero su jefe sí, entonces usted tiene Internet... y su jefe lo tiene a usted.

(*N. de los A.:* Luego de una ligera búsqueda de material vinculado a los empleados y sus empresas por la Red, hemos hallado el siguiente testimonio. Al respecto, pedimos disculpas por no citar la página de la cual lo hemos obtenido, pero realmente no lo sabemos debido a que, a la cuarta hora de navegación gratis en nuestro trabajo, el jefe se ha acercado a nosotros y nos hemos visto obligados a apagar nuestro computador. De ahí lo de "ligera búsqueda".)

A continuación, transcribimos el citado documento:

Una revista ha patrocinado un concurso de citas reales y comunicados de jefes de sus empresas. Éstos son algunos de los que se recibieron:

"A partir de MAÑANA, los empleados van a entrar al edificio usando tarjetas individuales de seguridad. EL PRÓXIMO MIÉRCOLES se les tomarán fotografías y EN DOS SEMANAS recibirán la tarjeta."

ÉSTA FUE LA CITA GANADORA, DE FRED DALES,
MICROSOFT CORPORATION, EN REDMOND, WASHINGTON.

"Lo que necesito es una LISTA ESPECÍFICA de los PROBLEMAS NO CONOCIDOS que vamos a encontrar."

LYKES LINES SHIPPING

"El correo electrónico NO ES PARA PASAR INFORMACIÓN NI DATOS. Debe utilizarse sólo para asuntos de la compañía."

GERENTE DE CUENTAS, ELECTRIC BOAT COMPANY

"Este proyecto es tan importante que no podemos dejar que asuntos más importantes interfieran con él."

GERENTE DE PUBLICIDAD Y MARKETING, UNITED PARCEL SERVICE

“Hacer las cosas bien no es una excusa para no cumplir con los tiempos. Nadie va a creer que usted ha resuelto este problema en un día. Hemos estado trabajando en él durante meses. Ahora vaya y haga como que está ocupado durante algunas semanas y yo le haré saber cuándo es el momento de avisar al cliente.”

SUPERVISOR DE INVESTIGACIÓN Y DESARROLLO,
MINNESOTA MINING AND MANUFACTURING/3M CORP.

“Mi jefe pasó todo un fin de semana volviendo a teclear una propuesta de veinticinco páginas que sólo requería algunas correcciones. Adujo que el disquete que le di estaba dañado y por lo tanto no podía editar el archivo. El disquete sólo estaba protegido contra escritura.”

CEO DE DELL COMPUTERS

“Cita de las palabras del jefe: ‘Trabajo en equipo es un montón de gente haciendo lo que YO digo’.”

EJECUTIVO DE MARKETING, CITRIX CORPORATION

“Mi hermana falleció y su funeral se iba a realizar el lunes. Cuando se lo dije a mi jefe, él dijo que ella ya había fallecido, de manera que no veía por qué yo tenía que faltar al trabajo en el día más complicado del año. Entonces me preguntó si podíamos pasar el funeral al viernes. Y aclaró: ‘Ese día me vendría mejor’...”

EJECUTIVO DE ENVÍOS, FTD FLORISTS

“Nosotros sabemos que hay un problema de comunicación, pero la compañía no lo va a discutir con los empleados.”

SUPERVISOR DE INTERCAMBIO, AT&T LONG LINES DIVISION

"Recientemente hemos recibido un memorándum de un directivo diciendo: 'Esto es para informarles que hoy van a recibir un memorándum acerca del asunto mencionado anteriormente'."

DIVISIÓN DE ASUNTOS LEGALES, MICROSOFT

"Una vez mi jefe me pidió que le presentara un informe de estado acerca de un proyecto en el que yo estaba trabajando. Le pregunté si estaba bien que se lo entregara mañana. Me contestó: 'Si lo quisiera mañana, hubiera esperado a mañana para pedírselo'."

ANÓNIMO

"Alguna vez alguien hizo este requerimiento al área de Sistemas: 'Lo que necesitamos es un informe con todos los clientes que no están registrados en el sistema'."

ESCUCHADO EN ALGÚN LUGAR DE XEROX

Según datos expuestos por las más importantes encuestadoras y empresas de estudios sociológicos —de los cuales no vamos a citar fuentes adhiriendo precisamente a la Ley de Protección a las Fuentes—, el 90 por ciento de los empleados respondió negativamente a la pregunta:

¿Considera que su jefe es apto
para el cargo que ostenta?

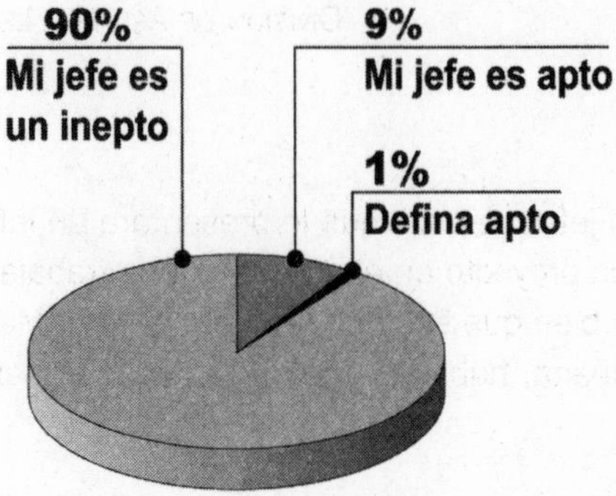

El 9 por ciento que consideró "apto" a su jefe corresponde al segmento de empleados de empresas familiares que llevan el mismo apellido que los dueños de las mismas.

Una vez más, hemos querido saber qué es lo que piensa la gente acerca de los jefes, y no se nos ha ocurrido mejor idea que buscar esa respuesta en Internet. Nos hemos encontrado con frases que nos han sorprendido.

"La cosa más difícil para un dirigente es no conceder ninguna importancia a las cosas que no tienen ninguna importancia."

CHARLES DE GAULLE

"Tener poder es controlar el tiempo de los demás y el suyo propio."

JACQUES ATTALI

"Un jefe es un hombre que necesita a los demás."

PAUL VALÉRY

"Ser superior a los demás nunca ha supuesto un gran esfuerzo si no se le añade el noble deseo de ser superior a uno mismo."

CLAUDE DEBUSSY

"No decir nunca 'es culpa de ellos'. La culpa siempre es 'nuestra'."

CLAUDE AVELINE

Pero también:

"El jefe trabaja para la grandeza de su empresa, mientras que los subordinados trabajan para la de él."

GEORGES ELGOZY

"Los jefes son como las estanterías: cuanto más altas, para menos sirven."

BARENTON

"El problema no es cuando la dirección no sabe qué hacer para obtener calidad; el problema está cuando cree saberlo."

PHILIP CROSBY

Hasta aquí sólo hemos visto las consecuencias que conllevan la llegada y el mal uso de Internet en una empresa. Ahora analicemos el e-mail, también llamado correo electrónico.

El correo electrónico

Definitivamente el correo electrónico cambió la manera de comunicación en el mundo. Es veloz, claro y hasta se le pueden incorporar para su traslado cualquier clase de documentos, archivos, fotos o presentaciones.

El envío de e-mails permitió ahorrarles a las empresas una notable cantidad de papel y tinta de impresora: uno ya no debe dejar sobre el escritorio del jefe grandes carpetas con las presentaciones o los documentos que éste le requiere. Sencillamente coloca como documento adjunto lo que desea enviar y hace un simple click sobre el mouse.

Pero no todas son rosas en el mundo del correo electrónico, pues también tiene su costado complejo:

- LENGUAJE: El e-mail no transmite sentimientos ni tonos de voz ni miradas, etc. A veces el receptor puede interpretar según sus propios estados de ánimo y sus limitaciones para leer.

- VELOCIDAD: Su rapidez impide que el empleado utilice la lentitud de las comunicaciones como excusa.

- Y lo más importante: Una vez enviado, si el destinatario fue equivocado no tendremos margen para correr a la oficina postal con el fin de evitar que sea entregado. Aquí no hay *undo* (deshacer) que valga.

Imaginemos esta situación: queremos que nuestro compañero de trabajo comparta con nosotros el malestar que nos provoca el jefe. Escribimos un extenso e-mail descargando toda nuestra ira, y a la hora de colocar el nombre de a quién va dirigido el correo, nos traiciona el subconsciente y —de tanto nombrarlo— sin darnos cuenta *clickeamos* la casilla de nuestro jefe y luego presionamos *enviar*.

Si este hipotético ejemplo llegara a suceder, sólo nos quedan dos opciones:

a) Pasar por la oficina de nuestro jefe para pedirle disculpas y escuchar los gruesos epítetos que tenga para decirnos y considerarnos despedidos.

b) No pasar por la oficina de nuestro jefe y considerarnos despedidos. (Y así evitarnos los epítetos.)

Por ello debemos tener el mayor de los cuidados en el uso del e-mail.

Sin embargo, tenemos que ser justos y reconocer también que su llegada ha permitido que fluya mejor la comunicación entre empleados, y aquello que antes no te animabas a decirle a tu compañera de trabajo hoy por e-mail ya no es tan complicado y está al alcance de tu mano, o de tu mouse. Ejemplo:

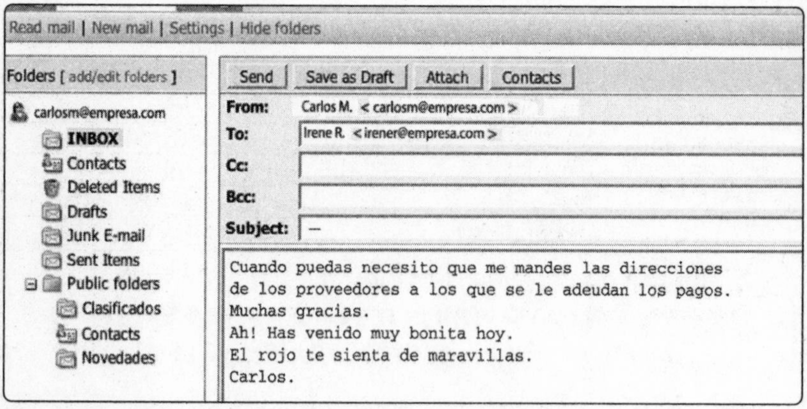

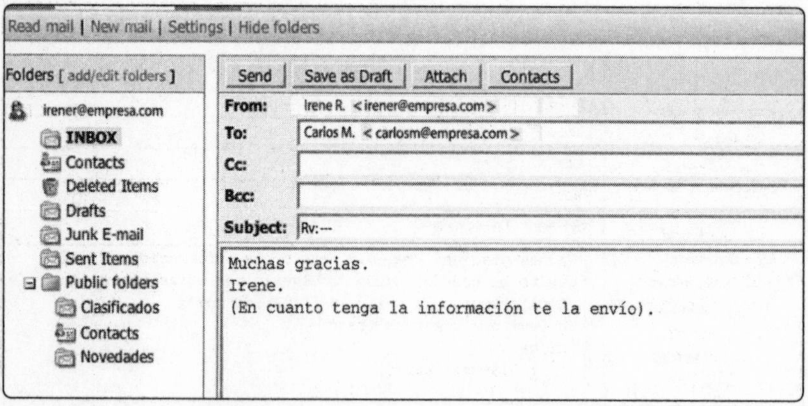

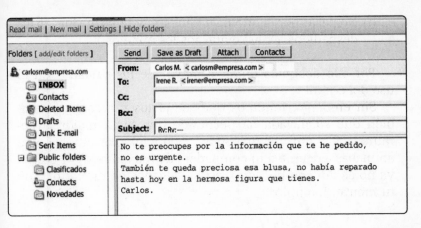

Read mail | New mail | Settings | Hide folders

Folders [add/edit folders] — carlosm@empresa.com: INBOX, Contacts, Deleted Items, Drafts, Junk E-mail, Sent Items, Public folders (Clasificados, Contacts, Novedades)

Send | Save as Draft | Attach | Contacts

From: Carlos M. < carlosm@empresa.com >
To: Irene R. < irener@empresa.com >
Cc:
Bcc:
Subject: Rv:Rv:---

No te preocupes por la información que te he pedido,
no es urgente.
También te queda preciosa esa blusa, no había reparado
hasta hoy en la hermosa figura que tienes.
Carlos.

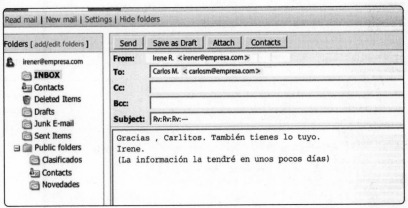

Read mail | New mail | Settings | Hide folders

Folders [add/edit folders] — irener@empresa.com: INBOX, Contacts, Deleted Items, Drafts, Junk E-mail, Sent Items, Public folders (Clasificados, Contacts, Novedades)

Send | Save as Draft | Attach | Contacts

From: Irene R. < irener@empresa.com >
To: Carlos M. < carlosm@empresa.com >
Cc:
Bcc:
Subject: Rv:Rv:Rv:---

Gracias , Carlitos. También tienes lo tuyo.
Irene.
(La información la tendré en unos pocos días)

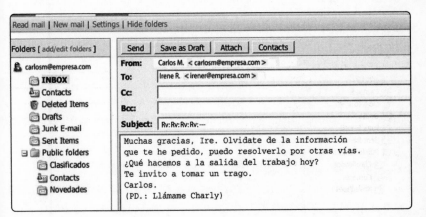

Read mail | New mail | Settings | Hide folders

Folders [add/edit folders] — carlosm@empresa.com: INBOX, Contacts, Deleted Items, Drafts, Junk E-mail, Sent Items, Public folders (Clasificados, Contacts, Novedades)

Send | Save as Draft | Attach | Contacts

From: Carlos M. < carlosm@empresa.com >
To: Irene R. < irener@empresa.com >
Cc:
Bcc:
Subject: Rv:Rv:Rv:Rv:---

Muchas gracias, Ire. Olvidate de la información
que te he pedido, puedo resolverlo por otras vías.
¿Qué hacemos a la salida del trabajo hoy?
Te invito a tomar un trago.
Carlos.
(PD.: Llámame Charly)

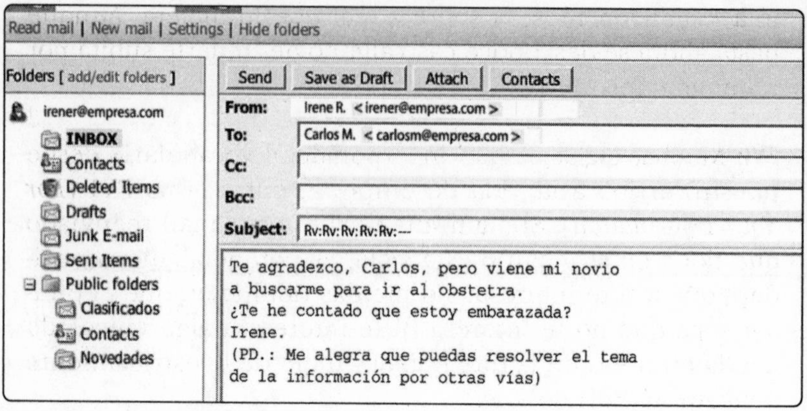

Por lo general, los correos electrónicos pueden clasificarse en distintos tipos según el grado de interés que generan en su receptor:

Tipos de correo electrónico

Correo basura: Es aquel que sólo interesa a quien lo envía. En la mayoría de los casos son publicidades de productos.

Spam: Es impersonal y sólo contiene publicidad. Son enviados por millones, generalmente desde direcciones a las que no se puede responder, y sólo sirven para llenar nuestra casilla... y sacarnos de nuestras casillas. Son borrados sin ser leídos.

E-mail telegrama: Generalmente no llevan firma al final y son respuestas a otros e-mails enviados anteriormente. Su texto completo suele ser "SÍ" o "NO". En el caso de ser un pedido al jefe, la respuesta sólo será NO.

Cadenas de e-mail: Son aquellas que el receptor debe abrir, leer y reenviar a veinte amigos o a toda su lista de contactos. Por lo general se le pide que no rompa la cadena porque una maldición recaerá sobre aquel que lo hiciera, aunque hasta ahora se desconoce caso alguno de "muerte súbita por cadenus interruptus".

FYI: Muchas siglas se han incorporado al vocabulario desde nuestro arribo a la vida de empresa, entre otras FYI (*For Your Information*). Si algún día recibes un e-mail reenviado que tiene en su Asunto esta sigla, es porque alguien considera que a ti te interesa. No pierdas tiempo en que el emisor sepa que no te interesa ni te interesará algo vinculado con la empresa en la que trabajas fuera de lo estrictamente obligatorio. Bórralo y ya.

E-mail de respuesta automática: Es aquel que al recibir un correo desde nuestra cuenta nos devuelve el mensaje "Estoy fuera de la oficina por viaje. Vuelvo en un mes". Por lo general lo recibimos cada vez que enviamos a nuestro jefe un extenso correo al cual —por su importancia— le hemos dedicado largas horas extras de las tres últimas noches.

Correo con virus: Debes borrarlos y no abrirlos. Por lo general salen desde la oficina del jefe y son para agregar más tarea al día laboral del empleado. O sea, a tu día laboral.

Correo no deseado: Las casillas agrupan por *default* en una carpeta que lleva ese nombre a aquellos e-mails provenientes de remitente desconocido, para luego ser eliminados todos juntos en un solo paso. Es una herramienta muy valiosa pues ahorra tiempo, pero ¡cuidado! Debes revisarlos antes de eliminarlos, pues siempre se filtra entre ellos el único e-mail importante de trabajo que recibes en el día. La explicación a por qué sucede esto es muy sencilla: Sólo alguien que trabaja y puede serte útil en tu trabajo figurará como remitente desconocido, puesto que el correo interno sólo se usa para asuntos personales y sin importancia laboral.

Capítulo 6

Política de ascenso: posición, oficina y vestuario

Lo más importante para el empleado es tener un sueño.
Lo más importante para el jefe es tener un buen descanso.

JEFE DE DAVID ROTEMBERG

El sueño de la oficina propia

De la mano de los peores jefes, las grandes empresas han desarrollado estrategias para que los empleados nunca pierdan las esperanzas de mejorar y alcanzar un crecimiento, y que —aunque a pasos muy cortos y a un ritmo lentísimo— sientan todo el tiempo que el merecido ascenso va en camino y está ahí, a la vuelta de la esquina.

Vale el ejemplo de una reconocida cadena internacional de comidas rápidas, que ha decidido premiar al *empleado del mes* haciéndolo famoso entre la clientela con el simplísimo —y económico— recurso de colgar su retrato en la pared menos visible del local en el que se desempeña.

Otras compañías tomaron rumbos similares agregándole a la vestimenta del *empleado reconocido del mes* un *pin* alusivo cada vez que resulta galardonado. De este modo, cuando llega a tener trescientos *pins* en su camisa, gana como premio el equivalente en dinero a cien hamburguesas con sus respectivas papas y gaseosas, que no puede cambiar por dinero sino sólo retirar las cien hamburguesas en combo, junto con dos vales: el primero por tres sesiones de kinesiología para aliviar las lesiones provocadas luego de cargar durante largas jornadas con el peso de trescientos *pins*, y el segundo por el 25 por ciento de descuento para una consulta con un médico clínico que pueda encontrar la manera de contrarrestar los altos contenidos de colesterol y grasas trans alojados en el desbordado cuerpo de ese *empleado del mes*.

Pero la estrategia más común entre las grandes corporaciones es la de premiar los años de buen desempeño con la posibilidad de gozar del sueño de la oficina propia[3].

Aquí llegamos al punto principal de este capítulo. Porque, más allá de tener o no paredes, puertas y ventanas, o del material con que éstas estén construidas, lo cierto es que cada lugar de trabajo dentro de la empresa, además de tener una importancia en el organigrama de la misma, tiene un significado.

Veamos el siguiente esquema:

PUESTO DE TRABAJO

Box: Es el primer eslabón de la cadena hacia la cima (aunque en una supuesta escalera ascendente estaría a nivel del suelo).

SIGNIFICADO PARA LA EMPRESA

Para la compañía en la que trabajas aún no eres nadie. Bueno, sí... eres una espalda que se esconde detrás del respaldo de una silla... siempre y cuando te haya tocado una con respaldo.

[3] Oficina propia: cuatro paredes de vidrio y una puerta, símil pecera.

PUESTO DE TRABAJO

Escritorio: A diferencia del **box**, el **escritorio** propio es un acto de confianza de la empresa hacia el empleado, el primer premio de la cadena hacia el éxito.

SIGNIFICADO PARA LA EMPRESA

Te han otorgado libertad. Siempre y cuando tu escritorio no esté empotrado al piso, podrás correrlo hacia adelante o hacia atrás sin necesidad de mover los otros veinte similares que antes tenías adosados a cada lado en tu antiguo **box.**

Si te reconocen con posibilidades de ascenso, hasta te ubicarán cerca de una ventana con luz natural para que veas lo mal que viven quienes permanecen fuera de la empresa.

A partir de ahora, tu jefe descubre que tienes rostro y no eres sólo una espalda bonita e inanimada.

PUESTO DE TRABAJO

Oficina gerencial: Ya tienes paredes de vidrio. Se te puede ver pero no tocar. Queda claro hasta dónde puede acercarse el "empleado raso", y comienzas a disfrutar de todos aquellos beneficios que antes mirabas desde afuera.

SIGNIFICADO PARA LA EMPRESA

La compañía espera de ti que comiences a tratar mal a tus subalternos y les exijas resultados imposibles.

Las paredes de vidrio permiten que tus superiores vean todo lo que haces o dejas de hacer. Nada de tratos especiales con empleados del sexo opuesto.

Si no logras hacerte odiar en breve, no serás digno del puesto y tendrás que devolver la oficina.

PUESTO DE TRABAJO

Oficina CEO: Si aquí es donde pasas la mayoría del horario laboral, no entendemos qué haces leyendo este libro.

SIGNIFICADO PARA LA EMPRESA

Por si no quedó claro, ésta es la verdadera oficina de un Jefe Hijo de Puta.

Pero si de diferenciarse se trata, las empresas no sólo van por los espacios de trabajo sino que también lo hacen con el vestuario obligatorio. A continuación haremos un repaso por este tema, al que hemos titulado:

Uniformes de trabajo: "Ser o pertenecer", ésa es la cuestión

La manera de vestirse siempre ha sido relacionada con el estatus, con la pertenencia a un estrato o clase social. Pues bien, de esa necesidad de formar parte de una clase o grupo social surge el concepto de imagen.

> La imagen que uno dé de sí mismo será lo que los demás vean para luego imaginar qué es uno. La vanidad de uno y la curiosidad de los demás alimentan a una gran industria: la Industria de la Moda.

La Industria de la Moda genera una conciencia colectiva de cómo y qué hay que vestir para pertenecer, ser y existir aquí y ahora; y la sociedad moderna, en todos sus estamentos, toma esto como un mandato. Si lo de mandato les parece una exageración, reflexionen esto por un instante: No en vano las novedades de la temporada son llamadas *el último grito* de la moda y las tendencias se conocen como *dictados* de la moda (o sea, la dictadura de la moda).

Vivimos en un constante y gigantesco desfile de modas, y esto es así aunque nos resistamos (poco, pues debemos estar a la moda). La moda nos invade desde los medios y nos dicta su último grito para la noche, para las fiestas, para andar en la calle "casual" (vaya contrasentido el de elegir en nuestro vestidor algo "casual"), para ir a las escuelas y universidades, para ir a la disco-de-moda, ¡para transpirar en el gimnasio-de-moda!, para ir al trabajo... todo rige bajo los dictados de la moda.

Puedes preguntarte qué tiene que ver esto con sobrevivir a un Jefe Hijo de Puta. No lo sabemos, pero algo raro pasa si justo cuando realizamos una limpieza en nuestro guardarropas y regalamos para caridad ese viejo y horrible suéter escocés a rombos de colores, al otro día algún dios de la moda lo publica dentro de su catálogo *retro*, *vintage* o *antique* y para volver a adquirirlo deberemos desembolsar no menos de doscientos dólares. De seguro ese tipo debe ser un gran hijo de puta, y nosotros trabajamos para él.

Hablábamos de la moda para ir al trabajo. Paralelamente a la moda social y sus avatares de clases, y más allá de lo que vistamos para ir al trabajo, existe lo que se denomina

Vestimenta de trabajo: el uniforme.

¿Alguien alguna vez se ha preguntado para qué sirve que todos los operarios de una compañía automotriz vistan los mismos trajes enterizos naranjas? ¿Es para que Henry Ford los mire y distinga desde el más allá? ¿O es que el dueño de la marca está controlando a través de Google Earth y necesita individualizar a su gente?

No. Lo que el uniforme en verdad persigue es demostrar que UNO ES lo que el jefe quiere que UNO SEA. Esto, desde la óptica del jefe, se traduce de la siguiente manera:

Cuanto más ridículamente vestido te haga venir al trabajo, más demostración de mi poder llevarás sobre ti, y los demás menos te verán como persona y más me verán a mí como jefe. He ahí la razón de esa horrible visera con mi logo fosforescente.

La policía *debe* estar uniformada para ser reconocida rápidamente en caso de urgencia; los ejércitos también. Los médicos llevan con orgullo su correspondiente uniforme, al igual que los docentes y los bomberos. Para eso han estudiado tanto durante varios años: para ponérselo, pues les da un estatus social.

Sin embargo, existen otros casos de uniformes en los cuales se pierde ese estatus y nada importan los estudios cursados, aunque se trate de empleados poseedores de títulos terciarios y hasta universitarios: eso es la ropa de trabajo que las empresas dan a sus empleados.

Para la empresa, un vestuario laboral o uniforme bien pensado no deberá responder al buen gusto y la estética. Responderá a la matemática, según el siguiente axioma:

> Cuanta mayor sea la cantidad de jefes existentes por sobre tu cabeza, menor será la calidad del corte y de la tela de tu ropa.

Algunos datos a tener en cuenta:

Las grandes empresas han encontrado que la mejor manera de demostrar que son grandes e importantes es dándoles a sus empleados uniformes ridículos. Eso nunca pasará con los jefes, pues para ellos —y no para ti— se han inventado la alta costura y la moda.

Con los nuevos tiempos algunas empresas han descubierto que el vestuario de los trabajadores es la imagen que el resto de la gente tiene del lugar donde éstos se desempeñan. Por tal razón, algunos jefes inteligentes decidieron consultar con diseñadores de alta costura y de grandes marcas acerca de la posibilidad de vestir a sus empleados con ropas que añoraría vestir un modelo de pasarela. Sin embargo, el problema presupuestario siempre ha sido una traba que paraliza la posibilidad de tener a un empleado muy bien vestido.

En las empresas siempre existe la siguiente disyuntiva:

¿Qué conviene más a la empresa?
¿Empleados bien pagos con **ropas baratas**
o empleados baratos con **ropas baratas**?

La obvia respuesta queda a la vista de todos.

Sin embargo, el hecho de que los jefes tengan buena ropa y los empleados no la tengan presenta cierta lógica irrebatible:

> ¿Por qué darles buena ropa a los empleados? Ellos son los únicos que trabajan... ¡La van a ensuciar y transpirar!

Para finalizar, resumimos en el siguiente cuadro una descripción de los elementos del vestuario laboral y el significado que les dan las empresas.

	VESTIMENTA y ACCESORIOS	**SIGNIFICADO**
	Si la empresa te da un uniforme de trabajo igual al de la mayoría, no es para que desarrolles un sentido de pertenencia...	Es para recordarte que eres del montón y nunca podrás sobresalir mientras permanezcas ahí.
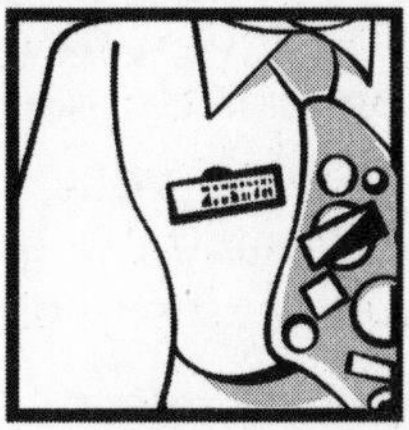	Si la empresa te da una identificación con tu nombre impreso, no es porque tus jefes quieran recordar quién eres, tus méritos y tu nombre...	Es porque lo querrán leer cuando tengan que saber a nombre de quién deben enviar el telegrama de despido.
	Si en un puesto de comidas rápidas te exigen camisa con rayas verticales, no es por moda...	Es para disimular tu gordura luego de meses de mal alimentarte con la comida del local.
	Si la empresa te da visera, no es para proteger tus ojos de la nociva luz artificial...	Es para que no veas hacia arriba, desde donde tu jefe te vigila, ni lo mires cuando te increpe desde allí.

	VESTIMENTA y ACCESORIOS	SIGNIFICADO
	Si la empresa te da gorra y/o sombrero, no es para protegerte del sol...	Es para recordarte que justo hasta ahí llega tu techo en ese trabajo.
	Si la empresa te da corbata, no es para que luzcas tu virilidad con orgullo...	Es para que tu superior pueda acomodarte el nudo recordándote que luces mal... y, de paso, que tu cuello está en sus manos.
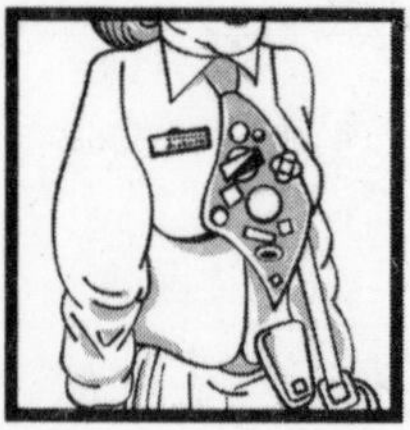	Si la empresa te da camisa blanca sin marca no es para que ésta no destiña cuando la laves...	Es para que jamás te presentes en el trabajo con una camisa de alguna marca superior a la que usará tu jefe.
	Si eres hombre y te dan pantalones cortos o shorts, no es para tu comodidad y frescura...	Es para que recuerdes que aún no estás maduro para pelear por un puesto superior como el de tu jefe. Debes crecer para ponerte "los largos".
	Si eres mujer y te dan faldas cortas, no es para tu comodidad y frescura...	Es porque lo que importa son tus piernas, no tu cerebro.

	VESTIMENTA y ACCESORIOS	SIGNIFICADO
	Si te exigen tacos altos del tipo aguja, no es para darte más altura...	Es para que te quede claro que en esa empresa nunca podrás pisar firme... y porque así lucen mejor tus piernas.
	Si la empresa te da un bolso o una riñonera, no es para que lleves tus pertenencias con comodidad...	Es para que recuerdes que lo que sea que lleves dentro pertenece a la empresa, y ahí quedará todo —incluidos el bolso o la riñonera— cuando te vayas o te echen.
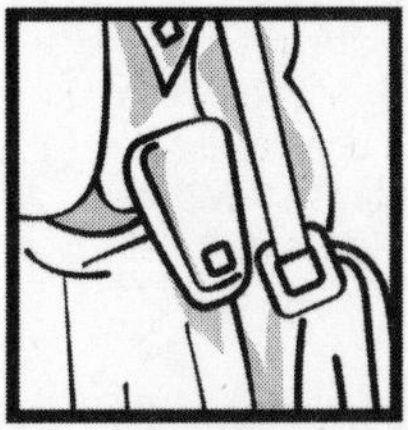	Si la empresa te da teléfono celular con abono pago, no es para facilitarte las cosas...	Es para tenerte disponible las veinticuatro horas, de lunes a lunes.
	Si debes lucir la credencial de cobertura médica, no es para que tengas a tu alcance a un doctor en Medicina...	Es para que la empresa esté fuera del alcance de tu doctor en Leyes Laborales.

Capítulo 7

Cómo saber si tu jefe es un psicópata

Hay jefes que son comprensivos. Ésos son buenos. Hay jefes que son responsables. Ésos son mejores. Hay jefes que son hijos de puta. Ésos son los imprescindibles.

JEFE DE DEMIAN STERMAN

Como ha quedado suficientemente evidenciado a lo largo de este volumen, no es mucho lo que el futuro empleado puede hacer para evitar caer bajo las órdenes de un jefe que lo vuelva loco a la hora de conseguir un nuevo trabajo. Pero sí existen algunos métodos que pueden ayudar a detectar tempranamente si uno está metiéndose en la boca del lobo (o en la boca del loco), y es el principal objetivo de este libro brindárselos a los lectores.

El método más efectivo ha sido desarrollado y probado con gran éxito por un equipo de profesores y alumnos de la Universidad de Yale en New Haven (Connecticut), y se denomina *Comment System*, que en español ha sido traducido como *Sistema de Observación*.

Durante el estudio, que incluyó un testeo cuantitativo y cualitativo de la interacción entre diferentes jerarquías de jefes con toda la escala de empleados, se obtuvieron datos valiosísimos y un primer resultado sorprendente: durante los primeros siete días (una semana laboral de lunes a lunes) no hubo ni un solo caso de despido ni castigo, es decir, ningún empleado fue separado de su puesto ni tampoco hubo quejas de malos tratos por parte de los jefes.

A tiempo los universitarios se dieron cuenta de que las cámaras de video distribuidas por toda la empresa para el experimento eran demasiado visibles a los ojos de los jefes, por lo que, luego de cubrirlas y disimularlas convenientemente, durante la siguiente semana pudieron observarse:

- 128 casos de violencia física y psicológica.
- 5 denuncias por acoso sexual (una de ellas en contra de un jefe de sección y su mascota).
- 26 bajas injustificadas de salarios.
- 13 despidos y sus correspondientes 9 reemplazos por personal sin experiencia no calificado y, por supuesto, de menor paga (nótese cómo, además, 9 personas son incorporadas para cubrir el trabajo de 13).

¡Y todo esto ocurrió con una planta permanente de sólo 35 empleados!

Las pericias psicológicas han demostrado que quien ocupa el puesto de jefe desarrolla al menos diez de once desórdenes previstos en personalidades con poder, y que dichos desórdenes coinciden con los observados en criminales peligrosos y en perturbados y/o internados psiquiátricos irrecuperables.

Diez desórdenes psíquicos del jefe

1. Desorden repentino o desorden "de golpe": Su síntoma principal es que el jefe *repentinamente* suele agarrar *a golpes* a sus empleados. Debe su nombre a que su cura también se produce en forma repentina, cuando un empleado corpulento, harto del maltrato, renuncia propinándole un buen golpe al jefe.

2. Desorden piromaníaco-explosivo: A la —ya clásica entre los jefes— tendencia a las *explosiones de ira*, este desorden le suma una adicción enfermiza al fuego, generando una combinación explosiva (lógico). De este modo, cuando el jefe no puede explotar a sus empleados esclavizándolos, intentará "quemarles" la cabeza hasta que exploten.

3. Desorden nervioso asiático: Su nombre se debe a que ataca los centros nerviosos, principalmente al nervio ciático. Se manifiesta con un dolor muy intenso, que provoca que el jefe vaya por ahí total y completamente irritado y deba guardar reposo. Estos dos síntomas hacen muy difícil su diagnóstico, ya que se lo ve perfectamente normal y sin cambios.

4. Desorden de inestabilidad emocional: Hace que el jefe provoque ex profeso la inestabilidad de sus empleados. Cuanto más inestables se vean éstos, más emocionante será para el jefe.

5. Desorden exitofóbico: La sintomatología de este desorden lleva al jefe a amenazar constantemente con despedir a sus subalternos mostrándoles la puerta de salida (en inglés, *exit*), lo que provoca en ellos una fobia al *exit*.

6. Desorden de camaleonismo: Llamado así no porque el jefe intente mimetizarse entre sus empleados copiando sus características cual camaleón, sino porque disfruta de hacerles la *cama* y devorar a sus presas cual *león*.

7. Desorden maníaco-depresivo: Generalmente puede observarse en aquellos jefes que tienen la *manía* de *deprimir* a sus empleados.

8. Desorden del delirium tremens: Aquí los jefes afectados, en plena crisis financiera de la empresa, piden más esfuerzo a los empleados prometiéndoles ascensos delirantes y aumentos de sueldo tremendos.

9. Desorden amnésico: Este mal sobreviene generalmente luego de un ataque de delirium tremens, y su primer síntoma es que el jefe olvida los aumentos y ascensos prometidos.

10. Desorden autista: Genera en los jefes un total aislamiento y una nula comunicación con aquellos empleados de rango menor que cambian su auto.

Asimismo, los estudios realizados en la Universidad de Yale han arrojado otros datos interesantes a tener en cuenta:

- **Un tercio de los jefes más exitosos del mundo ha perdido al menos a uno de sus padres antes de llegar a los catorce años**. De ellos, un 60 por ciento los ha dejado ir al Cielo o al Infierno, mientras que el 40 por ciento restante los ha echado de casa sin causa aparente que justifique el despido.

- **El 30 por ciento de los jefes más exitosos del mundo ha concurrido a escuelas en las que se los obligaba a vestir saco y corbata**. A la temprana edad de diez años, el 28 por ciento de ellos ya exigía a sus docentes llegar prolijamente aseados y a horario al ámbito escolar. Si así no sucedía, los demandaban a la oficina de las autoridades del colegio para que perdieran el presentismo.

- **Sometidos a sesiones psicológicas, el 43 por ciento de los jefes más exitosos respondió afirmativamente a la pregunta "¿Sufrió falta de afecto durante su infancia?". El 57 por ciento restante respondió: "¿Afecto? ¿Qué cosa es eso?".**

Cómo evitar caer en manos de un Jefe Hijo de Puta

Una de las formas más efectivas que tienen los jefes para *cazar* a sus posibles víctimas es a través de los avisos clasificados de búsqueda laboral.

En la redacción de estos avisos, los jefes están capacitados para escribir frases falseando sutilmente la realidad con el fin de que aparenten decir una cosa pero signifiquen otra totalmente diferente, logrando que funcionen como señuelo o carnada y atraigan a sus hambrientas presas, que se acercan presurosas a morder el anzuelo.

Es que, así como los Jefes Hijos de Puta tienen gran poder de oratoria, también lo tienen a la hora de escribir. Por eso una manera de evitar caer en sus garras es ejercitar el poder para "leer entre líneas", que no es ni más ni menos que hacer una lectura con espíritu crítico de algo que *a priori* parece una excelente oportunidad laboral.

De varios avisos reales extrajimos algunas frases que a continuación ofrecemos, para evaluar y analizar su texto original y lo que en verdad quieren decir, como ejercitación del presente capítulo:

"Condiciones de ascenso inmediatas"

QUIERE DECIR: Si todo el personal jerárquico —incluyendo directivos, gerentes, jefes, asistentes de primera, segunda y tercera importancia— falleciere en un mismo momento por causas que no se pueden determinar... estarán dadas las "condiciones de ascenso inmediatas".

"Posibilidades de desarrollo"

QUIERE DECIR: Si luego de pasar por varias entrevistas previas has logrado ingresar a la empresa, cambiará todo lo que te hemos dicho previamente. Así tendrás "posibilidades de desarrollo" de tu asombro, tu insatisfacción, tu silencio, tu obediencia y tu capacidad horaria extra para continuar trabajando.

"Una empresa que reconoce sus méritos"

QUIERE DECIR: "Una empresa que reconoce *sus* méritos", los propios de la empresa, no los de sus empleados.

"A comisión"

QUIERE DECIR: Si no puedes vender nada, realmente lamentaremos que no cobres nada. El gobierno nacional tiene planes sociales a disposición previstos para gente como tú. Podemos brindarte las referencias necesarias para que los consigas, siempre y cuando, en caso de obtenerlos, nos des el correspondiente porcentaje (es decir, sobre lo que el gobierno te dé, vamos "a comisión").

"Remuneración acorde al puesto"

QUIERE DECIR: No sabemos quién eres y deberás demostrárnoslo. Hasta ese momento tú eres *nada*, y por supuesto tendrás una "remuneración acorde al puesto", es decir, *nada*.

"Somos una empresa dinámica"

QUIERE DECIR: Hay mucha circulación y movimiento de empleados. Si no nos gustas te despedimos, pero por lo general, como "somos una empresa dinámica", te daremos razones para que renuncies antes de que esto suceda.

" Remuneración fija y variable"

QUIERE DECIR: Jamás se te aumentará el sueldo, por lo que tendrás una "remuneración fija. Y variable" será tu continuidad en la empresa si no respondes a las necesidades de tu jefe, sean cuales fueren.

Alto nivel profesional,
que lo motive la superación
y sepa desarrollarse
en equipo

"Alto nivel profesional, que lo motive la superación y sepa desarrollarse en equipo"

QUIERE DECIR: Participamos cada sábado del torneo de fútbol de la Cámara Empresarial. Para completar el plantel necesitamos un centro delantero con "alto nivel profesional, que lo motive la superación y sepa desarrollarse en un equipo" de amateurs mediocres.

EMPRESA
CON FUERTE VOCACIÓN
DE CAMBIO

"Empresa con fuerte vocación de cambio"

QUIERE DECIR: Puedes confiar en nosotros aunque, dado que somos una "empresa con fuerte vocación de cambio", ya no sabemos ni quiénes somos, ni a qué país pertenecemos, ni si somos una empresa familiar o pasamos a pertenecer a algún grupo inversor, o si hay un solo dueño o se trata de un fideicomiso. Además, a la hora de abonar los sueldos, somos una "empresa con fuerte vocación de cambio" chico.

"Con fortaleza para organizar equipos. Acción y poder de liderazgo"

QUIERE DECIR: Nos hemos planteado metas demasiado altas a las que probablemente nunca llegaremos. Ya sabemos que durante este año ningún empleado cobrará en fecha siquiera la totalidad de su sueldo. Necesitamos contratar a un gerente "con fortaleza para organizar equipos, acción y poder de liderazgo" que ponga el cuerpo en esta situación desfavorable para la empresa. (No lo especifica, pero quien asuma esta responsabilidad tampoco cobrará en fecha ni la totalidad de su salario.)

Con esto te hemos dado algunas pistas para que tengas en cuenta a la hora de buscar un nuevo trabajo. Recuerda lo siguiente:

> Leer entre líneas es una herramienta clave para que no te claven la herramienta.

Test para saber si eres o no un futuro Jefe Hijo de Puta

1. *Si un empleado se acerca a tu oficina para pedirte un aumento, tu reacción es:*

   a) Le niegas el paso a tu oficina.

   b) Lo haces pasar, tomas nota de su pedido y cuando se va rompes la nota.

   c) En un acto de honestidad le dices que por ahora no hay plata.

2. *Si un empleado se te acerca para contarte que varios de ellos se agruparán para pedirte un aumento, tú:*

   a) Lo palmeas en la espalda, le regalas dos entradas para el teatro y le dices que de aquí en más tendrás en cuenta su leal actitud para con la empresa.

   b) Primero lo escuchas, tomas nota y luego le cierras la puerta en la cara y le dices que es un acto poco honroso para con sus compañeros.

   c) Le prometes un ascenso y le pides que te informe de cualquier acto de ese estilo que llegue a sus oídos. Le sugieres que investigue un poco más y te informe los nombres de los promotores del grupo insurrecto.

3. *Cuando notas que se están utilizando más artículos de librería de lo que comúnmente se utilizaba, reaccionas:*

   a) Cortando el suministro de material de librería y ordenando que renuncie el/la/lo/los que hayan sustraído hojas, lápices o cinta adhesiva para su uso personal o para que sus hijos lo utilicen en la escuela, dado que no puedes entender —y jamás vas a aceptar en tu compañía— a empleados deshonrosos que administren tan mal sus sueldos al punto de no alcanzarles para nada, y menos para material escolar. Y además porque es deshonroso intentar acaparar una característica atesorada sólo para jefes.

b) Mandando colocar cámaras de seguridad sobre la fotocopiadora y en los depósitos para controlar en qué se están utilizando dichos materiales.

c) Solicitando a tu secretaria que anote a cada persona que pide algún elemento, siempre y cuando justifique para qué lo necesita y luego traiga el correspondiente comprobante que certifique que el material fue utilizado para lo informado.

4. *Tus empleados solicitan que la empresa a la que representas invierta en capacitación específica relacionada con cada una de las diferentes áreas que componen a la compañía, entonces tú:*

a) Lo tomas como una ofensa.

b) Sientes que capacitar a tus empleados significaría un riesgo futuro para tu puesto.

c) Les respondes que tienes como principio que la capacitación es un gasto y no una inversión.

5. *Un empleado te solicita que reveas el tema de sus vacaciones porque —según sus cálculos— se le han computado menos días de los que le corresponden. Ahí, tú:*

a) Le explicas que la compañía no puede prescindir de su presencia ni un día más que el que figura en la documentación presentada, que su tarea es muy importante y que su situación particular se reverá en un futuro cercano. Acto seguido, publicas un aviso solicitando reemplazante para su puesto.

b) Le respondes que en este momento es imposible, pero que a cambio —y como gesto de buena voluntad— le das un cupón para dos (2) helados, el cual sacas de la chequera que una importante cadena de heladerías te envió como obsequio.

c) Le preguntas para qué quiere las vacaciones y le recuerdas que tú no te tomas descanso desde hace años, y que gracias a ello la empresa se mantiene y él tiene trabajo.

6. *Un empleado te pasa un ticket por un almuerzo en representación de la empresa. Entonces tú:*

a) Lo llamas al orden y le explicas que si la compañía tuviera que pagar cada almuerzo que un empleado tiene con alguien, el negocio daría pérdida. Además, lo increpas: "Está bien que el invitado de la empresa tome café, pero ¿por qué también has tomado tú?".

b) Le exiges que pague con su dinero y que más tarde se lo bonificarás. Le recibes el ticket y cuando se retira lo arrojas a la basura.

c) Le recuerdas que él *trabaja* en la compañía, pero no la *representa*. Que si la *representara* no estaría mendigando un ticket por una comida. Ofendido, le ordenas que vaya, lo medite y que, si insiste en su posición, reverás el costo del almuerzo con la comisión directiva a fin de año. En caso de que el ticket fuera aprobado, se lo bonificarás en el primer cobro del año siguiente.

7. *Si un empleado falta al trabajo por problemas de salud, tu reacción es:*

   a) Como desconfías de su palabra, le envías un médico laboral.

   b) Como desconfías de su palabra, le pides que se presente inmediatamente o le descontarás el día.

   c) Como desconfías de su palabra, le pides un justificativo médico, pero le exiges que te lo acerque ya mismo a la compañía y que —luego de comprobar su estado de salud— lo autorizarás a tomarse una hora de reposo en el diván de la sala de reuniones (siempre y cuando en ese momento no haya prevista una reunión, en cuyo caso reposará en un rincón del hall de entrada).

Resultado

Aquí no importa la cantidad de respuestas (a), (b) o (c). Cualesquiera sean las letras que hayas elegido, siempre que hayas elegido al menos una sola de las siete situaciones presentadas (con sus respectivas posibilidades), automáticamente te constituyes en un potencial Jefe Hijo de Puta.

A partir de aquí, dependerá de ti la elección: o concurrir a un psicoanalista para que te ayude a reorientar tus actos, o asumir que serás considerado uno más de los tantos Jefes Hijos de Puta que andan dando vueltas y órdenes por ahí.

Capítulo 8

La humanidad, la historia y los negocios

Dios fue el primero y tuvo que tomar decisiones rápidas y certeras. Evaluó los mayores beneficios con las menores consecuencias. Así es la vida del jefe. Somos dioses que decidimos lo mejor para nuestra tierra con las mínimas consecuencias.

Jefe de David Rotemberg

Desde que la humanidad existe (es decir, desde que el mundo es inmundo), la imagen del jefe ha sido de por sí generadora de conflictos.

Profesionales de la sociología, la psicología y la medicina laboral han estudiado a fondo los que para ellos son considerados los casos más resonantes de la historia —o al menos los primeros documentados— en los que aparecen conflictos cansados por quienes tenían el mando en ese momento. A continuación los proponemos para su análisis:

Caso 1: Dios, Adán y el presupuesto para expansión

> *"...Y en el noveno día, luego de crear el mundo y descansar, Dios decidió expandirse y, para ello, llamó a Adán a una reunión urgente en su despacho celestial."*
>
> *Génesis, en vivo*

> *"Y Dios dijo:*
> *"—Pasa, Adán... cierra la puerta, por favor, y escúchame con atención. Para que este proyecto sea exitoso, se me ha ocurrido impactar con una idea novedosa, un nuevo producto: vamos a crear 'La Mujer'.*
> *"Para ello tendremos que realizar bien nuestra tarea y no dejar cabos sueltos pues, ya sabes, la competencia de allá abajo va a salir a copiarnos rápidamente y debemos pegar primero y fuerte para adueñarnos del mercado. Por*

otro lado, está la prensa... siempre buscando algo turbio para denunciar; y además también está la gente de la ISO, que si no contamos con calidad total nos va a negar su sello 9001.

"Tema presupuesto: en principio lógicamente disponemos de uno modesto, sólo como para comenzar. Luego, si vemos que necesitas algo más, inyectaremos un poco, aunque tú sabes cómo funciona el negocio de las ideas: Se invierte poco, se miente mucho y se busca que sea lo mejor, pero, sí o sí, debe salir bien. Si eso sucede, de seguro habrá una caja más grande como para que de allí salga lo tuyo.

"Así que ve y ármame ya un Plan de Negocios, lo más real posible, pero 'dibujado' como para que muestre ganancias desde el principio.

"Respecto de la cantidad requerida, pues bien... para arrancar necesitaríamos... dos costillas; eso sí, trata de guardar un resto por si la cosa se complica. Es más, fíjate si puedes resolverlo con sólo una. Espera que ya te doy, tenía una por aquí... ¡Oh, qué contrariedad! Mira, no tengo cambio ahora, así que pon tu propia costilla y luego veo cómo te compenso en el próximo período, ¿okay?"

Palabras más, palabras menos, quizás haya sido así la *Primera Reunión de Negocios de la Historia*, de la que ya podemos extraer una conclusión:

La expansión y la innovación del jefe deben ser hechas "a costillas" de su empleado.

Caso 2: Moisés, la promesa y la tierra

El caso de Moisés deja entrever lo que ya en la antigüedad una persona era capaz de hacer por su líder... y también lo que un líder puede hacer con las personas.

> *"Y Moisés dijo:*
> *"—¡Vamos, muchachos, somos un equipo! ¡Si atravesamos juntos este duro camino, os prometo que pronto llegaremos a tierra fértil! ¡Que la moral no les haga aminorar la marcha ahora! ¡Paso firme y ordenado! No debemos perder de vista nuestro objetivo. Sabemos que, si bien el camino es largo y sinuoso (en este caso en particular, caluroso y arenoso), el logro de alcanzar nuestra meta no será una satisfacción sólo para nosotros, sino que la disfrutarán nuestros hijos y nietos. ¡Es por ellos que lo hacemos!*
> *"Y el pueblo bramó:*
> *"—¡Bravo, Moisés! ¡Estamos contigo! (Qué bien habla el doctor.)"*

Cuarenta años después de ese discurso iniciático, ya nadie recordaba cuál había sido el objetivo primigenio. De hecho fueron muy pocos los que llegaron a la meta y, sin lugar a dudas, los logros fueron vistos por los hijos y nietos de esos valientes pues, al fin y al cabo, fueron los únicos que sobrevivieron a la odisea de cuarenta años.

Eso sí, en la historia sólo quedaron los nombres de Moisés y los de alguno de sus subjefes. Nadie recuerda los nombres de quienes lo siguieron.

Caso 3: Noé. La tormenta financiera,
la política de salvataje y "se hunde el barco"

El caso de Noé no es un ejemplo escogido por nosotros al azar, sino que muchos especialistas lo consideran el creador de dos conceptos importantísimos para el mundo empresarial del futuro: *Outdoor* e *Indoor*.

Su influencia puede verse hoy en algunos cursos, capacitaciones, trabajos específicos, etc., que se realizan dentro o fuera de la empresa o compañía. Cabe aclarar que, a la hora de tomar ciertas decisiones, los jefes jamás consultan ni *Outdoor* ni *Indoor*, pues lo hacen *Closed Door*.

Pero volvamos a Noé.

Por aquel entonces, este señor sintió que corrían tiempos de mucha inestabilidad y que se avecinaban épocas muy tormentosas. La urgencia era tal que no había tiempo para el análisis de situación, pero de todos modos debía tomarse la mejor determinación posible para el salvataje. De ella dependía todo, pues una equivocación suya podía conducir no sólo a la quiebra de su empresa, sino a la desaparición total del mercado tal y como se conocía hasta entonces.

Así como estaban las cosas, el protagonista de esta historia pidió ayuda y consultó a Dios[4].

Tras la consulta y luego del análisis de Dios, llegó a manos de Noé el "Informe de Situación", según el cual primero debería aislarse, para luego incorporar políticas de "blindaje" y "salvataje". Esto consistía en cerrar sus mercados, almacenar variada mercadería, tomar todo el efectivo disponible en sus arcas, inflar las tasas para que flotaran en la liquidez del mercado y esperar a que pasara la crisis. Después de la tormenta, sus productos le permitirían resurgir y expandirse en otro destino *off shore*.

Y publicó Noé el siguiente aviso:

[4] Este hecho está documentado y figura en la historia como el primer caso de interacción entre una empresa y una consultora. También se trata del único caso hasta ahora, en miles de años, en el cual la consultora efectivamente logró salvar a una empresa.

> **URGENTE EMPRESA OFF SHORE BUSCA**
>
> Nuestra búsqueda está orientada a aquellos a los que no les molesta trabajar como animales.
>
> Se requiere buena presencia, capacidad de superación, saber comportarse en climas adversos y disponibilidad para radicarse un tiempo en el extranjero.
> Los seleccionados integrarán un proyecto con grandes perspectivas a futuro. Vacantes limitadas.
> Excluyente ser heterosexuales.

Lo que sucedió al fin y al cabo es historia conocida: Noé acomodó en las góndolas del galpón una pareja de cada especie animal, se encerró en su precario despacho de crisis —construido para la emergencia— y esperó tranquilo a que pasara la situación tormentosa... rogándole a Dios para que no se le hundiera el barco.

Tiempo más tarde, cuando se calmaron las aguas, pudo volver al medio y pegar fuerte. Dios le tenía reservada una sorpresa extra: Noé era el único que quedaba con vida en el mercado. Ya no tenía competencia, pues a todos los demás los había tapado el agua. Su esfuerzo había sido premiado ni más ni menos que con un monopolio.

Un detalle muy importante a tener en cuenta: se trata del primer caso del cual existe registro de refundación de una empresa tras la refundición de su competencia. O sea, Noé —y su consultor Dios— inventaron el *dumping*.

Caso 4: Magno, Alejandro.
El imperio y la estabilidad laboral

El de Alejandro Magno es, tal como su nombre lo indica, un ejemplo *magnífico* para su estudio: su padre fallece y él hereda a muy temprana edad una empresa en pleno auge, con una economía saneada y en crecimiento sostenido.

Una vez a cargo de la empresa familiar, durante el primer año el joven heredero intenta imponer autoridad a cualquier precio, consciente de que el éxito de su gestión dependería de la primera respuesta de la gente a su cargo. Así fue como tuvo en muy poco tiempo —merced a estrategias de mando basadas en la psicopatía y el temor— a sus empleados en la palma de su mano (aunque sus detractores alegan que más que en la palma los tuvo en sus puños, pero ése es sólo un detalle y no la razón principal que nos convoca de este caso).

Cuando sus empleados le tuvieron el miedo suficiente como para no comprometer su capital, Alejandro decidió que era momento de invertir más liquidez para ampliarse y expandir sus horizontes. Dicha liquidez a invertir era ni más ni menos que la sangre de sus seguidores.

Comenzó entonces una feroz guerra contra la competencia, quedándose en poco tiempo con todo el mercado para él, y así creció y creció hasta convertirse en un gran emporio, y él en un gran emperador.

Pero no todas son rosas en la vida de un joven y próspero hombre de negocios.

Alejandro descuidó la base que le había permitido crecer y desarrollarse: sus empleados. No creyó ni útil ni importante crear una oficina de Recursos Humanos, y al poco tiempo fue víctima de huelgas, faltas injustificadas, juicios laborales y saqueos dentro del emporio. Hubiera sido tanto más simple implementar algún plan escalonado de aumentos, algún incentivo o un premio de fin de año... Pero nada de eso ocurrió pues, paradójicamente, Alejandro Magno no mostró nada de magnanimidad.

Su tremenda omnipotencia y la obsecuencia de un entorno nocivo de asesores le impidieron ver lo que en verdad pasaba con su plantilla de empleados, su gente, aquellos que lo habían dado todo por él.

Sometida a la fuerte presión de "los de abajo", la estructura de la empresa no soportó tantas medidas de fuerza y, ante la ausencia de producción, sufrió un fuerte cimbronazo.

No sólo la empresa lo sintió sino que él también: un infarto masivo lo encontró en su despacho, terminando con su vida a la temprana edad de treinta y tres años.

Pero la historia siempre es justa con aquellos protagonistas que provocaron grandes cambios, y le guardó un lugar de privilegio en sus páginas. Hoy se lo reconoce como *el joven empresario que, al asumir como jefe, se convirtió en el más hijo de puta de todos los tiempos.*

Y así podríamos continuar *ad infinitum*, pues un rápido y superficial recorrido a través de la historia nos permitiría ubicar otros casos resonantes que han influido hasta la médula en la columna vertebral de la vida empresarial.

Entonces, el hundimiento de la Atlántida será el antecedente histórico del caso ENRON, por haber sido concebida como "una gran estructura que —según sus creadores— no puede colapsar" (por supuesto, previo paso obligado por el *Titanic* para confirmarlo). Del mismo modo, el del Imperio Romano será considerado el primer oligopolio multinacional, y el descubrimiento de América será el caso testigo por excelencia de *exportación e invasión masiva de un mercado*, a través de productos tales como espejos, plantas, animales, religión, sífilis y armas.

Incluso el caballo de Troya ha sido estudiado como un primitivo caso de apología del delito, dado que sentó las bases del contrabando y la Aduana paralela.

Sin embargo, existe un momento en la historia que es considerado como el caso más interesante en cuanto a la influencia en el empleado promedio de la actualidad. Se trata del...

Caso 5: La esclavitud, la plusvalía y la abolición

El de la esclavitud en el mundo es considerado como el más vil y vulgar caso de cancelación de derechos laborales.

(*N. de los A.:* No tocaremos el tema de los derechos humanos ya que, por ser ésta una obra que trata acerca de la interrelación entre jefes y empleados, partimos de la base de que el único humano con derechos es el jefe.)

Durante la esclavitud, los esclavos trabajadores estaban disponibles para el servicio las veinticuatro horas, no percibían sueldo alguno, no se les respetaba el horario de almuerzo ni descanso, mucho menos tenían algún tipo de convenio colectivo de trabajo y no existía ningún gremio que los protegiera (dicho esto suponiendo que los gremios alguna vez hayan protegido a otro que no fuera el gremialista).

Como si fuera poco, al mismo tiempo sufrían el abuso y la explotación con trabajo en horas extras que jamás se les reconocían.

En síntesis, a cambio de nada lo daban todo; aunque nunca era suficiente para su patrón, pues socialmente se daba por descontado que debían agradecerles a sus amos con la entrega total de sus vidas el hecho de estar vivos, mal alimentados, sufrir unos pocos azotes y descansar bajo techo (lo cual en épocas de altas temperaturas y tormentas era considerado vital, no para su subsistencia, sino para su rendimiento en el trabajo).

Con el tiempo, la relación patrón-esclavo fue complicándose al punto de que la organización política no pudo hacer más oídos sordos al asunto, y finalmente muchos cientos de años después se abolió la esclavitud y se concedió el Derecho Universal a la Libertad.

Con la libertad en la mano, lo primero que hizo el ex esclavo fue salir en busca de un trabajo, un empleo digno. Y lo obtuvo.

Tarde el ex esclavo comprendió que, con el empleo conseguido, el hombre libre volvía a la situación de esclavitud original: estar al servicio las veinticuatro horas, no cobrar bajo ningún tipo de convenio y con gremios comprados (o sin gremios que defendieran sus derechos laborales directamente).

Hay abuso, explotación, acosos varios, evasión y —por supuesto— las horas extras son escasamente reconocidas, pues pareciera que en este mundo moderno, hambreado y globalizado los empleados deben agradecerles a sus amos el hecho de tener trabajo con la entrega total de su tiempo.

En síntesis, hoy la relación jefe-empleado es tan mala como siglos atrás, con una sola diferencia: el hombre libre no vive en la casa de su jefe ni debe entregarle a su mujer y sus hijos, todo gracias a la abolición de la esclavitud... ¡Y gracias a Dios!

Capítulo 9

Problemas subjetivos y objetivos de tener un Jefe Hijo de Puta

No hay empleados buenos y empleados malos.
Hay empleados inútiles que se dejan ver
y empleados inútiles que se esconden.

JEFE DE DEMIAN STERMAN

La búsqueda de la propia excelencia, el alcanzar la "capacidad total", avanzar en la carrera profesional (a propósito, ¿contra quién se corre?), la necesidad de ascender en la escala social y el ansia por superar a la figura paterna hacen que todos tengan como objetivo final en su vida laboral ocupar "El Sillón del Jefe".

"El Sillón del Jefe" es un ícono, el objeto anhelado por todos. Pero, como casi siempre, el ser humano supone más de lo que sabe, y por eso constantemente fantasea y piensa sólo en los *pros* de ser jefe, pero nunca jamás en las *contras* que trae consigo tamaña responsabilidad.

Esto sucede porque a lo largo de nuestra corta o extensa carrera como empleados promedio jamás hemos tenido —ni siquiera visto por ahí— aquello que los libros llaman "un jefe ejemplar", y sólo hemos accedido a formatos exprés, mal construidos y mal habidos de lo que debe ser un jefe con mayúsculas, o sea, UN JEFE.

Como si no fuera suficiente, un Jefe HDP cuenta de por sí con muchos *pros* que automáticamente se convierten en *contras* para la vida del empleado promedio que debe sufrirlas.

Al respecto, veamos cinco casos tomados al azar.

PROS DEL JEFE HIJO DE PUTA	CONTRAS DE ESOS PROS PARA EL EMPLEADO
1. No tiene horario fijo de ingreso.	1. Sea como fuere, siempre llega antes que tú.
2. Puede tomarse la cantidad de días de vacaciones que desee.	2. Jamás las toma pues considera que nunca es buen momento para dejar sola a la empresa ni a sus empleados.
3. En caso de decidir irse de vacaciones, puede elegir el lugar del mundo que desee.	3. Siempre decide ir al mismo lugar al que has decidido ir tú para olvidarte unos días de él.
4. Su puesto le da la responsabilidad final de todas las decisiones que se toman.	4. Las malas decisiones nunca son su responsabilidad, y su única culpa es haber confiado en "alguien como tú".
5. Siempre se rodea de secretarias no sólo capaces sino muy bonitas, que enamoran a los empleados.	5. Las secretarias capaces y muy bonitas cumplen una condición *sine qua non*: enamorarse de los jefes.

En los puntos 2 y 3 hemos mencionado LAS VACACIONES, el cual no es un tema menor puesto que, a partir de él, se abren muchos ítem a tener en consideración.

(*N. de los A.*: Cuando decimos "a tener en consideración" nos estamos refiriendo a "nuestra" consideración, ya que de ninguna manera podemos esperar que haya por parte de nuestro jefe consideración alguna, ya no sólo respecto de este tema, sino de todo lo que respecta a nosotros.)

En el mundo de las corporaciones el de las vacaciones es y siempre será tema de conflicto. Y esto sucede por muchas y diversas razones, pero principalmente por una *conceptual*, y esto es porque para la patronal o autoridad de la compañía el vocablo *vacación* es una mala palabra, debido a que atenta contra la productividad.

Asimismo hay una razón personal: *vacación* sólo se diferencia de *vocación* en una vocal, y todos sabemos lo que opina cualquier jefe acerca de la vocación de un empleado. Ni hablar de la atención que se le presta en un directorio a cualquier vocal.

Volviendo a lo conceptual, según la Real Academia Española, *vacación* viene del latín *vacatio*, y se llama así a "el descanso temporal de una actividad habitual, principalmente del trabajo remunerado, o de los estudios". También se refiere a "tiempo que dura la cesación del trabajo". Y nada que se emparente ni remotamente al *descanso* o a la *cesación del trabajo* de otro que no sea él mismo puede estar bien para un JHDP, pues lo considera un capricho infantil y sin sentido. ¿Cómo se puede descansar del placer que da el trabajo sin responsabilidades?

(Recuérdese que para un JHDP sólo él tiene responsabilidad, ergo, sólo él merece descanso. Y no lo va a utilizar.)

Entonces, si bien las vacaciones son derechos adquiridos de los trabajadores y por ello deben ser respetadas según la ley, las autoridades de las compañías no pierden la oportunidad de hacerle sentir al empleado que, otorgándole ese y cualquier otro beneficio que le corresponda, le está haciendo un favor que merece uno o más agradecimientos. Por ello debes agradecer:

- Por los días que te tomas.
- Que te dejen elegir el mes de tu vacación (siempre y cuando lo logres).
- Por poder desligarte por unos días de la oficina.
- Por encontrar allí tu escritorio cuando vuelvas.
- Por pertenecer y pertenecerles.
- Porque tienes a quién y qué cosa agradecer.

Cuando llega el tan ansiado —por el empleado— momento del año de hablar con la compañía sobre los días y las fechas para vacacionar, se da lugar a un conocido y para nada divertido juego de argumentos cruzados llamado Ping Pong Conceptual (*Conceptual Ping Pong*), nombre muy significativo surgido en Londres en la década de los sesenta para denominar así a la lluvia de argumentaciones, razones y pretextos cruzados entre empleado y jefe en la cual se baten, debaten y rebaten a duelo de "porqués" ante cada pedido de un lado y negativa del otro[5].

Ejemplo de Ping Pong Conceptual

Situación y pasos que deben seguirse para un simple pedido de vacaciones

1. "PRIMER ARGUMENTO"

a) **EMPLEADO:** En primer lugar hay que explicarle a un jefe (créase o no, es necesario) que, después de un largo año cargado de trabajo y responsabilidad, se merece un descanso.

b) **JEFE:** Acto seguido se escucharán argumentos de *por qué* él, que es el jefe, que tiene mucha más responsabilidad que sus empleados y que ha trabajado más horas diarias que todos, aun así no cree que tenga que *merecer* un descanso.

Dato omitido a tener en cuenta: El sueldo. El jefe argumenta que trabaja más horas y con mayores responsabilidades.

[5] Esto sucede cuando no existe una oficina de Recursos Humanos (RR.HH.) que se encargue de los temas del personal. Cuando la hay, ellos también participan del Ping Pong Conceptual dando apoyo. Dando apoyo al jefe, por supuesto (y "por sus puestos").

Su sueldo es acorde a todo eso pero, por supuesto, él omitirá mencionar el tema.

Recomendación: No es recomendable que sea el empleado quien mencione ese tema del dinero, o al menos no en esta primera etapa de la discusión. No sea cosa que el jefe decida que el sueldo que gana ese empleado es alto en relación con la molestia que se le está generando en ese preciso instante y resuelva tomar una doble decisión: bajar el sueldo del empleado y dar por terminados la conversación y el Ping Pong.

2. "SEGUNDO ARGUMENTO"

a) **EMPLEADO:** Evitado el *match point* del set anterior, en el segundo paso de la conversación se le explicará al jefe todo lo que se ha hecho por la empresa durante el año y *por qué* se está pidiendo un merecido descanso.

b) **JEFE:** A su turno argumentará con todo lo que se ha hecho mal, las pérdidas que todo lo que se hizo en el año han significado para la compañía y todo lo que aún queda para corregir antes de pensar en *descansar*.

Dato omitido a tener en cuenta: El poder de decisión. La decisión final de todo lo que se ha hecho en la empresa es responsabilidad del jefe. Siempre es, fue y será *él* quien tiene, tuvo y tendrá la última palabra.

Recomendación: No es recomendable sacar a la luz el tema de las responsabilidades en las decisiones finales durante esta etapa de la discusión, pues no será bueno que su *decisión final* sea no seguir con esta discusión sobre las vacaciones y darle al empleado vacaciones indefinidamente y sin goce de sueldo (esto último considerando que ese miserable sueldo efectivamente podría llegar a gozarse).

3. "GIRO ESTRATÉGICO"

a) **EMPLEADO:** En este tercer set del Ping Pong Conceptual se propone un giro estratégico. Ya es hora de decir *por qué* se considera que el trabajo es lo mejor que le ha pasado en la vida al empleado y que lo que más se desea a esta altura del año es ir a un lugar cualquiera a dejar pasar el tiempo lo más rápido posible para volver pronto a trabajar con renovadas energías, las cuales serán puestas a disposición de la empresa.

b) **JEFE:** Acepta los argumentos. No puede evitar poner cara de "OK, pero que sea la última vez", y firmará la autorización para disponer de los días que correspondan bajo la promesa de volver con más energías para volcar en la responsabilidad prioritaria de la empresa: la sumisión a él.

Dato omitido a tener en cuenta: Lo que corresponde. Nunca coincide lo que el empleado sabe que le *corresponde* con lo que el jefe entiende por *corresponder*, aunque la diferencia entre uno y otro tiene que ver con algo tan simple y complejo a la vez: la *ley*.

Recomendación: No es recomendable sacar a la luz el tema de las *leyes* en esta etapa de la discusión. Se recomienda llegar a un acuerdo aunque esto signifique sacrificar días de descanso. Hay que pensar que el humor con el que se deje al jefe al partir de vacaciones será inversamente proporcional a la locura con la que recibirá al empleado a su regreso. Es una ecuación simple: si lo dejamos *más* contento, a la vuelta lo encontraremos *menos* molesto.

Continuemos con el siguiente paso.

Una vez lograda la aceptación de las vacaciones hay que acordar la fecha más conveniente[6] para tomarlas y luego, en familia, decidir el lugar.

[6] Siempre que se dice "más conveniente" se refiere a la conveniencia del JHDP.

FECHA: Para el empleado, salir de vacaciones al mismo tiempo que el jefe sería un gran error. Lo ideal y recomendable es que siempre tomes exactamente quince días antes que él, cuestión de que el regreso coincida justo con el día en que el jefe esté saliendo para tomarse las suyas. Esto te brindará más tiempo de paz y tranquilidad, e, incluso, que esa paz y tranquilidad se encuentren por primera vez dentro de la empresa.

LUGAR: De todos modos, el tema no estará solucionado en su totalidad hasta que no sepas exactamente dónde tomará sus vacaciones tu Jefe Hijo de Puta, pues no sea cosa que justo te lo cruces en ese lugar paradisíaco que has escogido para tu "merecido" descanso.

Se podría llegar a pensar que esto es poco probable dada la diferencia existente entre los ingresos de un empleado promedio y el sueldo de su jefe. Es más, a él le alcanza y sobra para irse a *rascar el ego* a lugares mejores, mucho más caros y más lejanos que los que tú puedes pagar. OK, puede ser, pero no olvides que en el Universo de los Jefes Hijos de Puta todo vale, pues:

> Un JHDP es capaz de resignar algunas estrellas de hotel con tal de mortificar las vacaciones de un empleado hasta hacerle ver las estrellas.

Así que, si eso llegara a suceder, debes tener en cuenta entonces que pueden darse diferentes situaciones y, por supuesto, ninguna será positiva para el empleado.

Veámoslas:

Algunas cosas que pueden suceder al encontrarse con el jefe durante las vacaciones de ambos

- **El jefe no conoce el lugar, por lo que le pide a su empleado que le haga una visita guiada**. Nada quiere menos el empleado que pasar veinticuatro horas con ese hijo de puta del que ha decidido distanciarse al menos por quince días. Sería un castigo muy grande tener que servirlo pero podría llegar a traer beneficios a futuro, sobre todo cuando ambos vuelvan a la escena laboral.

- **La pareja del empleado considera que aportará a mejorar la relación con el jefe** si ella o él entablan en vacaciones una relación estrecha con la pareja del jefe.

- **El jefe —viendo a su empleado en el mismo y exclusivo lugar en el cual él ha elegido tener su descanso— juzga que aquel subordinado tiene los humos subidos y aires de grandeza**, por lo que lo considera un riesgo en potencia y decide que a su regreso tomará alguna de las siguientes medidas: a) reducirle los ingresos; b) reducirle la categoría; c) reducirlo.

- **El jefe no hace otra cosa que hablar constantemente de trabajo, de todo lo que ha quedado sin resolver "allí"**, esperando que su vacacionante empleado tenga *presente* a la empresa mientras está *ausente* de ella. De paso le cuenta que ha decidido volver antes que su subordinado porque leyó en el diario que en la otra punta del planeta ha bajado la Bolsa y existe una leve posibilidad de que repercuta en la empresa, incluso con algún despido. Es más, le pide a su empleado regresar con él y su familia dado que su mujer ha decidido quedarse unos días más y le ha pedido el automóvil.

- Si el tuyo es un jefe aventurero, nunca elijas un destino de montaña o selva a menos que a tu regreso quieras escucharlo durante horas, días o meses contarte sus propias destrezas, hazañas, y todo lo que debiste haber hecho y que —por supuesto— ni se te cruzó por la cabeza realizar.

- Si se trata de uno de esos que cuidan su aspecto y mantienen todo el año un bronceado caribeño, es mejor no elegir un destino de playa. Más aún, de ser posible elige algún lugar bien frío y nevado para vacacionar. Puede ocasionarte serios problemas tener un color más parejo que el de tu jefe al regreso de las vacaciones. Si finalmente no puedes evitar la playa ni volver al trabajo con un muy logrado y parejo bronceado, por favor ni se te ocurra mantenerlo con cremas humectantes. Lo mejor que puedes hacer es dejar que tu piel se reseque, resquebraje y descascare, o incluso hasta pintarte el rostro "blanco mimo". Te asombrará, pero un percance en tu aspecto puede lograr que consigas el ascenso que años de méritos no pudieron.

- Si tu jefe es tan hijo de puta como para considerar que unas vacaciones son perjudiciales para la concentración y la efectividad en el trabajo y por ello nunca o rara vez se toma unos días, sería prudente descargar la responsabilidad de la salida en tu pareja. Es estratégicamente bueno que él sepa que no has sido tú sino tu compañera/o quien planificó todo, que crea que no tienes la menor intención de tomarte un descanso pues no lo necesitas, pero que lo haces pues incidiría negativamente en tu rendimiento el próximo año no ir y tener a tu pareja insatisfecha por haberla relegado a *plan B* respecto del trabajo. Siempre suma puntaje con el jefe mostrar que la vida privada del empleado es un *plan B* respecto de la vida laboral.

- Donde sea que hayas ido, no debes olvidar que el único regalo personal, muy buscado y especialmente escogido, debe ser el del jefe. Para el resto del equipo y compañeros de trabajo, con unos chocolates (si es en verano, mejor aún) bastará para marcar la diferencia, y sólo procura "quedar bien" con la típica bolsa de free shop del aeropuerto.

- Cuando el jefe regresa de sus vacaciones, programar un brindis de bienvenida como iniciativa personal, más que un acto de demagogia, puede ser un heroico e inteligente acto de convivencia laboral si es que tienes planificado pasar los siguientes dos días con suma tranquilidad. De paso no olvides recordarle diariamente que esperas ansioso ver las fotografías que haya tomado, pues esto te pondrá en el lugar de inferioridad que tu jefe siempre quiere para ti: el de un actor obsecuente y admirador de su estilo de vida. Cuando las fotografías lleguen a tus manos, no olvides acompañar tu cara de asombro con interjecciones varias, tales como "¡Ohhh! ¡Ahhh! ¡Qué bello lugaaar!", y toma nota de la siguiente frase, que debes pronunciar textual: "Algún día, con suerte y mucho sacrificio, podré conocer ese lugar soñado al que tú no dejas de ir cada año. Gracias por permitirme disfrutarlo aunque más no sea a través de estas fotografías. Por cierto, muy bien tomadas con tu cámara ultramoderna. Cuánta admiración me despiertas".

IMPORTANTE: Luego de llevar a cabo todas y cada una de estas sugerencias, debes poner cualquier excusa y retirarte al baño, donde, ya en soledad por unos minutos, podrás mirarte al espejo y odiarte, insultarte e incluso vomitar tranquilo tanta asquerosa obsecuencia.

Decíamos que están los que, cuando llegan las vacaciones, especulan con provocar un encuentro "casual" con el jefe, de modo de poder sacar algún provecho de que éste está en tren de descanso y con actitud más distendida.

También están los que nunca querrían cruzarse con su jefe y deciden ir hacia el lado opuesto —preferentemente en las antípodas— al cual irá el jefe. Y están aquellos a los que no les interesa ni una ni otra opción, y sólo pretenden irse y que pase lo que Dios quiera.

A continuación proponemos un breve test gráfico en el cual debes elegir, entre estas tres opciones, la que más se acerca a tu manera de ver el mundo, de ver tu descanso y de ver a tu jefe. Al finalizar, sabrás si a la vuelta habrás conseguido un ascenso, un despido o ninguna modificación en tu situación.

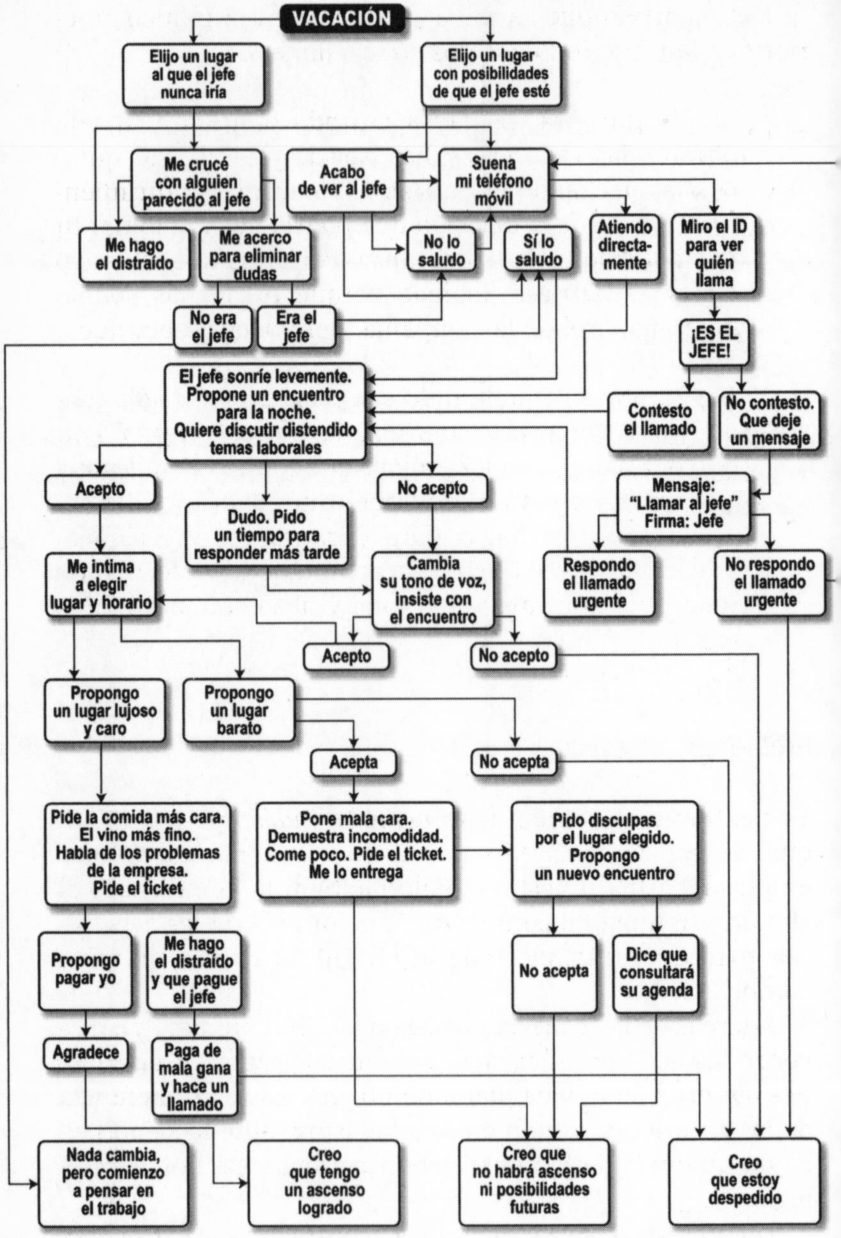
VACACIÓN
Elijo un lugar al que el jefe nunca iría
Elijo un lugar con posibilidades de que el jefe esté
Me crucé con alguien parecido al jefe
Acabo de ver al jefe
Suena mi teléfono móvil
Me hago el distraído
Me acerco para eliminar dudas
No lo saludo
Sí lo saludo
Atiendo directamente
Miro el ID para ver quién llama
No era el jefe
Era el jefe
¡ES EL JEFE!
El jefe sonríe levemente. Propone un encuentro para la noche. Quiere discutir distendido temas laborales
Contesto el llamado
No contesto. Que deje un mensaje
Acepto
No acepto
Dudo. Pido un tiempo para responder más tarde
Mensaje: "Llamar al jefe" Firma: Jefe
Me intima a elegir lugar y horario
Cambia su tono de voz, insiste con el encuentro
Respondo el llamado urgente
No respondo el llamado urgente
Acepto
No acepto
Propongo un lugar lujoso y caro
Propongo un lugar barato
Acepta
No acepta
Pide la comida más cara. El vino más fino. Habla de los problemas de la empresa. Pide el ticket
Pone mala cara. Demuestra incomodidad. Come poco. Pide el ticket. Me lo entrega
Pido disculpas por el lugar elegido. Propongo un nuevo encuentro
Propongo pagar yo
Me hago el distraído y que pague el jefe
No acepta
Dice que consultará su agenda
Agradece
Paga de mala gana y hace un llamado
Nada cambia, pero comienzo a pensar en el trabajo
Creo que tengo un ascenso logrado
Creo que no habrá ascenso ni posibilidades futuras
Creo que estoy despedido

Del recorrido que se te ha propuesto en el gráfico anterior pueden desprenderse dos conclusiones:

1. Sea lo que sea, te hayas cruzado o no con tu jefe durante las vacaciones, has pasado parte de tus quince días pensando en tu trabajo, o aun peor: dirimiéndote acerca de la decisión que podría llegar a tomar tu jefe a la vuelta de tu descanso. Por un lado el objetivo de ese JHDP está logrado porque tú no has podido desconectarte de la compañía, pero debes saber que...

2. Los cambios de actitud de esa clase de jefes sólo tendrán que ver con lo que hizo la noche anterior, con qué desayunó, con los e-mails que recibió a su llegada a la oficina o vaya uno a saber qué. Pensar que cualquier cosa que hagas (aun durante tus vacaciones) puede cambiar o quebrar la actitud de un Jefe Hijo de Puta es un razonamiento total y absolutamente incorrecto.

Problemas objetivos

Ya nos hemos referido a las *actitudes subjetivas* del JHDP que tienen como *objetivo* minar la salud mental de sus empleados. Una muestra de ello también la hemos visto al abordar un tema tan simple *a priori* como el de las vacaciones pero que, tratándose de un JHDP, se vuelve un tanto complicado.

Además de las consecuencias en la salud mental que provocan las *actitudes subjetivas*, debemos agregar las situaciones *objetivas* de la vida diaria de oficina. Éstas, a diferencia de las anteriores, tienen efectos nefastos sobre la salud física de quienes diariamente deben pasar largas horas en el lugar.

Dolores de cabeza, migrañas, contracturas, cansancio, agotamiento, ojos irritados y hasta taquicardia y arritmias son sólo algunos ejemplos del deterioro físico que sienten los empleados cada día cuando termina su jornada laboral. Y la causa de tanto malestar no debe ser buscada ni en la polución y el smog de la ciudad, ni en el calentamiento global, ni en la política nacional, ni en el hambre mundial, ni mucho menos en la radiación residual de Hiroshima y Nagasaki. No.

La mella en la salud física del empleado es claramente una decisión diaria del jefe, quien, con sólo un pequeño cambio de actitud, puede evitarlo pero jamás lo hará. ¿Por qué?

Porque no es sano para su salud ver a un empleado saludable y feliz.

> La salud física y mental de un JHDP se deteriora de modo inversamente proporcional a la buena salud y la felicidad del empleado.
>
> (*N. de los A.:* ¡Tenlo en cuenta a la hora de matar a un JHDP!)

Veamos a continuación algunos ejemplos de esas pequeñas decisiones del jefe que producen grandes cambios en sus empleados:

El aire acondicionado

Situación: Las tuberías de aire acondicionado son un caldo de cultivo para diversos microorganismos nocivos, por lo que las personas alérgicas y asmáticas ven agudizados sus cuadros, y el resto o sufre resfríos y congestiones repetidamente, o experimenta conjuntivitis, ahogos y/o febrículas recurrentes. A esto debes agregarle que, si tu espacio de trabajo no es de los denominados "libres de humo", los residuos del cigarrillo también viajan por ahí.

Recomendación: Limpiar y desinfectar los conductos de ventilación a fondo, incluso con sistemas de vapor.

¿Qué hace un Jefe Hijo de Puta?
Apaga el aire acondicionado para evitar el contagio de un sector a otro. Si es en época estival y con temperaturas tropicales, mejor.

La fotocopiadora

Situación: Las fotocopiadoras modernas emiten diversos gases que pueden provocar dolores de cabeza, problemas respiratorios y fatiga.

Recomendación: Mantenerlas bien lejos de los lugares fijos de trabajo de las personas.

¿Qué hace un Jefe Hijo de Puta?
Cumple la recomendación a rajatabla: se lleva la fotocopiadora "bien lejos de los lugares de trabajo de las personas", es decir, a su casa, junto con las resmas de papel, los cartuchos de tinta/tóner y otros artículos de librería, y con todos estos elementos que paga la compañía le abre una librería a su esposa para que ésta tenga entretenimiento diario y un ingreso extra. Por supuesto que también incluye el service oficial, ya que no existe la fotocopiadora que no se descomponga a diario.

La iluminación de la oficina y equipos eléctricos

Situación: La mayoría de los equipos eléctricos (y algunos electrónicos también) producen campos electromagnéticos que provocan no pocos trastornos en la salud, tales como irritación nerviosa, cansancio y somnolencia. A su vez, los tubos fluorescentes emiten rayos ultravioletas y, con su imperceptible parpadeo intermitente, ocasionan cansancio ocular, hipertensión en los ojos y alteraciones nerviosas.

Recomendación: Para eliminar las cargas estáticas, existen aparatos generadores de iones negativos, que deben ser instalados en los lugares de trabajo, y de este modo se solucionará rápidamente el problema. También se deben realizar los cambios infraestructurales necesarios para permitir el ingreso de la mayor cantidad posible de luz natural, así como colocar plantas que proporcionen oxígeno y, junto a otros elementos, también calman el estrés y alegran el espacio laboral.

¿Qué hace un Jefe Hijo de Puta?
Llena la oficina de plantas sin ningún criterio armónico ni saludable, sólo de acuerdo con su propio gusto: cactus, potus y hasta pinos en maceta. En las paredes cuelga reproducciones baratas y de mala calidad de cuadros estilo el *Guernica* de Picasso. Lo peor: fotografías antiguas que muestran a la empresa en la época de su fundación por parte de algún familiar de él, y se encargará diariamente de recordarles a todos sus empleados lo bien que funcionaba, porque: "Y... eran otros tiempos... había otro compromiso laboral por parte de los trabajadores".

Las computadoras

Situación: Los rayos catódicos de los monitores producen ionización positiva, la cual provoca hipertensión arterial, estrés y hasta depresión en quienes se ven sobreexpuestos a ella. El trabajo prolongado frente a la computadora conlleva enrojecimiento e irritación ocular, dolor e inflamación en las muñecas y contracturas varias por las malas posiciones adoptadas.

Recomendación: Tomar descansos a intervalos intermitentes; elegir buenas posturas; usar anteojos neutralizadores del efecto producido por las pantallas; colocar los monitores de modo que los documentos queden a la altura de la vista, para no forzar el cuello; parpadear para lubricar los ojos; aprovechar el baño del trabajo para realizar hidroterapia (esto es: limpiar las "malas ondas" dejando correr agua por cada uno de los dedos y hasta los codos) y, cada veinticinco o treinta minutos, quitar la vista del monitor y fijarla en un punto lejano, por lo que el espacio laboral debe ser, precisamente, *espacioso*.

¿Qué hace un Jefe Hijo de Puta?

Luego de observar cómo los empleados luchan por conseguir una posición cómoda y humana para trabajar, decide que es tiempo de realizar el cambio total de las —ya desvencijadas por el uso— butacas de oficina modelo años setenta por unas modernísimas y muy elegantes banquetas... lógicamente sin respaldo ni tapizado ni acolchado.

Una vez más, podríamos continuar *ad infinitum* con los ejemplos pero consideramos que, ya presentados algunos de los innumerables problemas de salud al que nos expone el trabajo diario, la mejor recomendación es **estar tranquilos**.

El lector —o sea, tú, aquí y ahora— podría llegar a pensar: "Sí, claro, eso lo dices porque escribes el libro cómodamente sentado en tu casa, pero ¡¿cómo diantres hago yo para que esto se dé dentro de mi ámbito laboral?!".

La respuesta está implícita en tu propia frase: la descarga debe ser encontrada fuera de ese ámbito, ya sea en tu casa, en una plaza, un parque, un cine o insultando al árbitro desde la tribuna de tu equipo favorito.

Algunas propuestas zen ya probadas que funcionan

- Caminar descalzos.
- Estar en contacto con los tres elementos: agua, piedra y tierra.
- Hacer *laborterapia* con plantas arreglando el jardín.
- Salir a caminar por un parque.
- Recostarse debajo de un árbol a leer o mirar los pájaros.
- Si todo lo anterior no funciona, esperar a que el jefe salga al estacionamiento y, cuando se encuentre a unos cien metros del ámbito laboral y antes de que llegue a su automóvil, propinarle una buena golpiza por la espalda (esto es para no ser reconocido o denunciado y, lo que es mucho peor, despedido).

> Sea cual fuere la elección, el objetivo principal debe ser descargarse como sea, contra quien lo merezca.

Capítulo 10

Los aliados del Jefe Hijo de Puta

Cuando un jefe confía un secreto a su empleado no le está otorgando su confianza... Lo está poniendo a prueba.

JEFE DE DAVID ROTEMBERG

Para desarrollar un sistema siniestro de poder, ejercer total autoridad y manejar a sus empleados con actitudes psicóticas, el JHDP debe saber (y lo sabe, para eso es HDP) crear alianzas estratégicas con actores que ocupan puestos clave dentro del ámbito laboral.

Veamos el siguiente diagrama de las cuatro patas fundamentales que sustentan el escritorio de un Jefe Hijo de Puta:

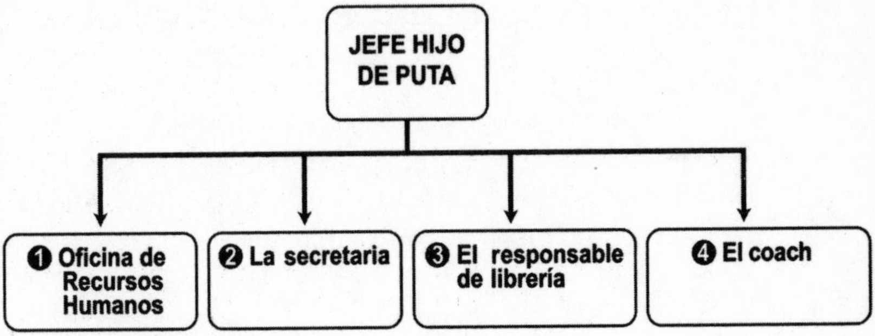

De estos cuatro puntos de apoyo, dos han sido obtenidos para los sindicatos tras enfrentarse durante décadas con los empresarios y, contrariamente a lo que se supone, no se trata ni de la oficina de Recursos Humanos ni de los coaches, ambos relacionados directamente con el personal.

No, las agrupaciones sindicales sostenían —y aún sostienen— que la mejor manera de fiscalizar que se cumplieran los derechos de los trabajadores era poner gente vinculada al gremio en los puestos de secretaría de la Gerencia y Librería, pues de esa manera podría establecerse un mejor control. ¿Por qué? Porque...

> Lo más importante a la hora de manejar información en la oficina es tener acceso a los rumores, a los chimentos y a lo que se fotocopia.

La idea no era mala, pero incluía un problema indisoluble desde el vamos: los JHDP de diferentes compañías siempre se apoyan entre sí para hacer una defensa corporativa de sus prebendas, lo cual anula cualquier puja en las altas cúpulas de las empresas. Como, a su vez, en la lucha empresas-gremios sucede lo mismo (pues gerentes y gremialistas han logrado que los sindicatos funcionen como grandes compañías), ambos "bandos" resultan la misma mierda: agrupaciones manejadas por Jefes Hijos de Puta.

Entonces tenemos que:

a) Quien controle al menos a la secretaria del jefe y al Departamento de Librería de una compañía tendrá asegurado el control de los empleados.

b) Ese control lo tienen los sindicatos, a su vez aliados del JHDP. Ergo, el JHDP es quien tiene el control de la información.

A continuación desarrollaremos los vínculos entre el JHDP y sus aliados, y explicaremos cómo se manejan y/o se alinean los diferentes departamentos para lograr un objetivo fundamental: que el Jefe sea bien Hijo de Puta... pero que no se llegue a notar demasiado.

Oficina de Recursos Humanos

> Ningún jefe que se precie de tal tendrá estatus ni mando si la compañía a la que representa no dispone de una oficina de Recursos Humanos (RR.HH.).

Pero...

¿Qué son los recursos humanos?

Las definiciones teóricas que figuran en la gran mayoría de los manuales coinciden bastante entre sí, y pueden resumir a Recursos Humanos como *el proceso administrativo dentro del ámbito privado aplicado a acrecentar, velar y conservar el esfuerzo, las experiencias, la salud, los conocimientos, las habilidades y otros derechos de los miembros de una organización, en beneficio del individuo, de la propia organización y del país en general.*

Coincidimos bastante con la teoría, pero si realizamos un análisis desglosando esta definición, nos encontraremos con algunas sutiles ambigüedades y vaguedades que luego, en la práctica, son aprovechadas para beneficio de los JHDP. Veamos.

"El ámbito privado" se refiere precisamente al lugar en el cual el empleado es *privado* de todos sus derechos, y no a la actividad privada por tratarse de un emprendimiento del orden "no público". Por eso mismo, a continuación dice que la oficina de Recursos Humanos "vela por el esfuerzo, las experiencias, la salud, los conocimientos, las habilidades y otros derechos" de los empleados. Precisamente, los "vela" porque están muertos. Y si están muertos es porque alguien se encargó de matarlos o dejarlos morir. (¿Adivinan quién?)

Debe entenderse a la oficina de RR.HH. como aquella que se toma el tiempo necesario para asesorar al JHDP en las formas menos dolorosas, más complejas, decorativas y evasivas cuando éste decide terminar con cualquier empleado que se interpone con todo aquello que él considera beneficioso para la compañía.

¿Y qué tenemos?

Pues que la oficina de RR.HH. funciona como una perfecta casa de velatorios que, efectivamente, se encarga de "velar" los derechos del trabajador.

Quizá sea justo reconocerle cierta creatividad a la hora de organizar todo tipo de actividades con el aparentemente inocente propósito de "distraer" al empleado.

La gran pregunta es:

¿Distraer de qué?

El punto es precisamente que no lo hace para distraerlo en su tedioso, monótono y estresante día a día, sino para *distraer su atención* mientras por detrás se elucubran mil maneras de seguir exprimiendo todas y cada una de sus capacidades motrices y cerebrales en pos de un único beneficio: el corporativo.

Sólo hace falta ser un poco observador para ver que, si en la empresa en la cual uno se desempeña se crea o ya existe una oficina de Recursos Humanos, es porque todo aquello que rodea a esa minioficina de dos metros cuadrados (o sea, el resto de la compañía) está destinado a fomentar los "recursos inhumanos".

Para poder ejecutar la estrategia de la organización es fundamental la *administración* de los recursos humanos, la cual supone manejar conceptos tales como comunicación organizacional, liderazgo, trabajo en equipo, negociación y cultura.

Veamos entonces de qué se trata toda esta perorata inútil disfrazada de cosa importante:

Comunicación organizacional: Es el tipo de comunicación que más promueve el jefe y tiene que ver con *organizarse para escucharlo hablar a él*. Si existiera un *Diccionario Corporativo Ilustrado*, la definición de "organizrse" sería: "Dícese del acto de no emitir palabra mientras una persona de cargo superior al de uno está hablando".

De todos modos, tranquilos que tal diccionario no existe, y eso es precisamente porque los de RR.HH. aún no han podido *organizarse* para redactarlo.

Liderazgo: La oficina de RR.HH. está integrada por quienes consideran que lo mejor para el desempeño de la compañía es la realización de un "curso de liderazgo" que (como ya hemos visto en el capítulo 2) es de suma utilidad, sobre todo para los jefes, que en la gran mayoría de los casos carecen de esta característica.

Trabajo en equipo: Siempre se fomentará desde la empresa la importancia del trabajo grupal organizado. Al respecto, el JHDP lo deja bien claro cuando les expresa a sus empleados: "Todos juntos y en equipo... hagan lo que *yo* digo".

Negociación: Los de RR.HH. son los que se encargan de negociar contigo en ocasión de tu despido. Ellos llevarán adelante la difícil y compleja tarea de que se reconozcan todos los derechos y se cumplan todos los deberes y obligaciones (tus deberes y obligaciones y los derechos de la corporación).

Cultura: Para aclarar este punto hemos realizado un extenso trabajo de campo llamando a cien oficinas de RR.HH. de diferentes empresas para consultarles:

"¿Cuál es la actividad cultural que realiza vuestra oficina de RR.HH. para cultivar a los empleados de planta?"

Obtuvimos las siguientes respuestas:

- El 50 por ciento de ellas no quiso responder nuestra pregunta porque se encontraba en su horario de almuerzo, el cual iba de 12 a 16. Pasado ese lapso insistimos, pero se excusaron porque ya estaban en su horario de merienda.

- Un 25 por ciento se excusó por encontrarse en ese momento en reunión con sus jefes.

- En un 10 por ciento, el teléfono interno no contestó o daba ocupado.

- Otro 10 por ciento respondió: "¡¿Actividad cultural, lo qué?! No, no... equivocado".

- Un 4 por ciento no entendió la pregunta.

- El 1 por ciento, un jefe de RR.HH., pretendiendo hacerse el gracioso, respondió por e-mail: "Bueno, para *cultivar* a los empleados de *planta*, solemos *sembrar* la *semilla* de la discordia; luego la *regamos* con alcohol en distintos eventos que organizamos, y así individualizamos el *brote* de rebeldía y la gente *savia*. (*N. de los A.*: ¡Sí, con V!). Con estos datos, luego *podamos* la *planta* de empleados para que la actividad siga *floreciendo*".

Como podemos ver, este ingenioso e-mail nos da —inconscientemente o no— varias claves acerca de por qué los pedidos de los empleados *vegetan* en las oficinas de RR.HH.: porque, en la gran mayoría de los casos, las empresas nombran ahí a gente que no es *trigo limpio*.

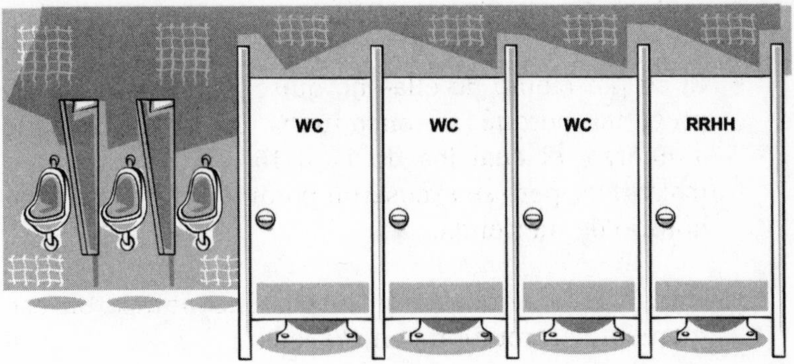

En síntesis, dentro de la oficina de Recursos Humanos se imparte justicia (por supuesto que de modo dispar y siempre dentro de la comunidad corporativa bajo las normas propias de cada empresa).

Allí se maneja la gran balanza que sostiene —de modo supuestamente equidistante— de un lado los *deberes* y *derechos* del empleado, y del otro los *deberes* y *derechos* de la compañía. Y es en ese balanceo diario en el cual se columpian intentando mantener el equilibrio de todas las soluciones a los problemas del empleado dentro de la empresa.

Veamos algunos ejemplos en el siguiente cuadro:

PROBLEMA DEL EMPLEADO	**SITUACIÓN DE LA EMPRESA**	**SOLUCIÓN DE RR.HH. PARA CON EL EMPLEADO**
Las sillas de trabajo son muy incómodas y le causan fuertes dolores en la espalda. Su médico laboral le recomienda utilizar sillas anatómicas para la corrección de la postura de su columna.	Evalúa el costo de la silla y la multiplica por la cantidad de empleados que podrían sumarse al mismo pedido.	Deciden que en efecto lo más correcto es realizar urgentemente el cambio: cambian el seguro médico de la compañía.

PROBLEMA DEL EMPLEADO	SITUACIÓN DE LA EMPRESA	SOLUCIÓN DE RR.HH. PARA CON EL EMPLEADO
Solicita dos días por estudios para un examen.	Evalúa su capacidad de superación y sus posibilidades de crecimiento en la empresa, sobre todo el riesgo de superar intelectualmente a su jefe más directo.	Consideran que el empleado tiene altas posibilidades de superación y crecimiento, además de gran talento. Deciden negarle los días solicitados.
Necesita un aumento en su remuneración.	Considera que no está en condiciones de dar el aumento.	Se disculpan con el empleado, le explican la situación y se le obsequian dos entradas para el cine por las molestias ocasionadas.
Pide por segunda vez un aumento.	Continúa sin poder dar el aumento.	Se disculpan con el empleado, le vuelven a explicar la situación y le ofrecen otorgarle los dos días que anteriormente había solicitado por examen.
Pide por tercera vez aumento y acerca a la oficina de RR.HH. copias de los convenios que ha firmado el Estado y no se han cumplido por parte de la empresa.	Se estudia seriamente el asunto y se llega a la conclusión de que los papeles están correctos y que no se ha dado el aumento prometido por el gobierno.	Se le agradece la información, se le vuelven a ofrecer otros dos días para estudio por examen y acto seguido se le envía el telegrama de despido. A continuación, se actúa junto con otras corporaciones para —por intermedio de algún legislador comprometido con el sector empresario— presionar al Estado para que vuelva atrás esos "nefastos convenios que perjudican a la actividad empresarial".

Encuestas para evaluar el clima de la oficina

Las oficinas de Recursos Humanos han encontrado un novedoso método para lograr soluciones instantáneas a este y otro tipo de problemas: las encuestas.

El análisis subjetivo posterior de las respuestas a la serie de preguntas que componen las encuestas, pensadas por verdaderos genios maquiavélicos, marcará un antes y un después en cualquier compañía, no sólo por sus consecuencias monetarias sino también —y sobre todo— por sus consecuencias humanas.

En la actualidad se han puesto muy de moda las denominadas "encuestas de clima", las cuales son utilizadas como herramienta para medir cuánto enojo o bienestar hay dentro del entorno laboral.

¿Cómo funcionan?

Mediante endemoniadas —y aparentemente inocentes— actividades recreativas y preguntas se obtiene una muestra de la *emoción* o *sensación* de los empleados. Acto seguido, y ya con los resultados en la mano, se busca una solución al problema. Después se destina un plazo determinado para poner en práctica esta solución, luego de lo cual se realiza un segundo muestreo.

Si entre las dos muestras no se percibe una sensación de mejoría o los números no son los deseados, se realizará un informe categórico y bien detallado, en el cual no interesarán tanto los *porqués* del mal clima laboral sino los *quiénes*, para perseguir a los culpables.

Y eso es porque

> Las encuestas realizadas por RR.HH. no intentan hallar las soluciones al problema sino a los responsables de que éste salga a la luz.

La misión del Departamento de Recursos Humanos entonces no es nada fácil, ya que nunca puede dar la verdadera solución que los empleados sugieren en las encuestas: por más que éstos señalen inequívocamente que las malas actitudes de sus jefes contribuyen en un ciento por ciento a las nulas sensaciones de bienestar durante la jornada laboral, la respuesta no puede surgir tan directa y ser tan certera en contra del JHDP. Deberá entonces hallar *culpables* de rango intermedio.

Es que, en la mentalidad empresarial, de ninguna manera se puede considerar constructivo un ataque tan directo contra una autoridad. No ayuda a la escala interna que trascienda esa información, en la cual se marca con una cruz y se señala directamente con el dedo a los líderes y a las autoridades considerándolos perjudiciales para la salud de la empresa. Además, ¿quién lo dice? ¿Un empleado promedio? ¿Una voz sin autoridad? ¿Un número en una lista diaria de entradas y salidas? ¿Una X marcada en una encuesta de RR.HH.? En resumen, un *Don Nadie*.

Por otro lado cabe consignar que la corporación ha invertido mucho dinero en formar a los JHDP, y no sólo eso, también en alimentarlos en los mejores restaurantes, en viajes de primera clase, hoteles cinco estrellas, paseos, gastos de representación y bonus anuales. En síntesis, ha costado mucho dinero comprarles su fidelidad (si es que la tienen). Hasta el más novato y básico estudiante del mundo de los negocios se daría cuenta entonces de que...

> Nadie —mucho menos una corporación— tirará a la basura una inversión, no sin antes defenderla con uñas y dientes.

¿Y quién será el primer eslabón encargado de la sucia y no menos difícil tarea de decodificar *subjetivamente* un resultado diferente en una encuesta de la cual *todos* conocen de antemano el resultado? Pues el Departamento de Recursos Humanos.

Ahí irá entonces un "responsable" de RR.HH., como una suerte de equipo SWAT, y comenzará su trabajo de hormiga, que consiste en cuatro fases:

FASE 1: Reunir toda la información posible sobre los empleados más conflictivos, aquellos que hayan entrado más fuertemente en contra de sus jefes incluso antes de la encuesta y que sean considerados *líderes negativos* entre sus pares. A ellos les caerá en principio todo el peso de la ley empresarial, cuyo enunciado fundamental es:

> "Todo lo que no suma, resta. De ti depende elegir de qué lado de la ecuación te acomodas".

FASE 2: Se buscará llegar de modo rápido y certero al corazón de aquel empleado que ha elegido apoyar a su par —el líder negativo— en contra de su JHDP pero que, sin embargo, ofrece algún "flanco vulnerable" para su abordaje.

¿Cómo se logra esto?

Se lo invitará a alguna actividad al aire libre junto a su jefe, ofreciéndole la posibilidad de conocerlo en un contexto favorable para una relación más alegre y relajada con él. Una vez concluida la actividad se le volverá a tomar "declaración" acerca de su opinión sobre el jefe, y si hay un cambio positivo respecto de su sensación, ésa es la información actualizada que quedará escrita.

FASE 3: Si aún, luego de un día de campo con el jefe, la sensación del clima para con él sigue siendo negativa, se hablará y reflexionará con el empleado acerca de "las bases que hacen al trabajo y la importancia de dejar de lado las cuestiones personales". Luego se le enroscará el veneno ofídico respecto de su otrora defendido compañero: "Si uno ve todo podrido a su alrededor, pues lo podrido debe estar en uno. Piénsalo". Para rematar, y ya en un tono más directo, se le explicará: "Alinearse con el jefe es alinearse con la corporación. Quien decida no seguir los lineamientos corporativos no tiene nada que hacer aquí. Y esto nada tiene que ver con el clima".

Si aun por esta vía los resultados no mejoran, quedará para el Departamento de Recursos Humanos la última y más compleja fase:

FASE 4/1: Denunciar a la empresa encargada de las "encuestas de clima" por fraude, mala praxis, y por acrecentar y alentar el mal clima en el lugar de trabajo.

FASE 4/2: Armar complicadas, coloridas y extensas presentaciones en Powerpoint para explicarles a los accionistas y a las altas cúpulas por qué no es bueno realizar "encuestas de clima", ya que "no funcionan, pues la historia y la experiencia demuestran que el empleado feliz se dispersa mucho más que el empleado estresado por la mirada de su jefe".

¿Cuál es el momento ideal para realizar una "encuesta de clima"?

La oficina de RR.HH. decide que ese momento coincide justo cuando no quiere/no puede afrontar en forma directa las consecuencias de tener que pararse ante el jefe y decirle lo que todos sienten y piensan acerca de él. Entonces, con cobardía extrema y sumo tacto, se le esgrimen argumentos convincentes como para que autorice a "invertir dinero de la empresa en lo que consideramos una interesante experiencia autocognoscitiva para la compañía", sin que éste siquiera sospeche que lo que está pagando es la tercerización de un autoenvío de malas noticias.

Un dato para nada menor es que, *aggiornándose* a los tiempos que corren, el nombre de la oficina de Recursos Humanos ha sido actualizado y rediseñado, cambiando de Departamento de Recursos Humanos a Departamento de Gestión Humana.

Según pudimos averiguar, el cambio se justifica en que las empresas van desesperadas detrás de cualquier acto que implique un ahorro de recursos, aunque sólo se trate de recortar la palabra *recurso*. Más aún, como para las empresas RR.HH. no es un departamento que produzca rentabilidad y la ley implícita indica que "allí donde haya un recurso sin rentabilidad habrá que recortarlo", pues lo recortan y ya.

Asimismo, para reemplazar la palabra *recurso* se elige *gestión*, que se entiende como la acción y/o el efecto de *gestionar*. Entonces volvemos a nuestro ya conocido *Diccionario Corporativo Ilustrado* imaginario, y seguramente encontraremos:

Gestionar: El arte de decir que se está haciendo algo que jamás se hará.

La secretaria

La secretaria del jefe es una figura clave en el mapa de toda estructura laboral. Por ella circula información extremadamente sensible que, si llegara a caer en las manos "incorrectas", podría complicar en demasía al JHDP. Es por eso que una de las primeras acciones del jefe cuando nombra en su puesto a su secretaria es, por un lado, dejar bien en claro quién es la autoridad en la oficina, quién maneja las cosas y quién es la persona encargada de controlar lo que pasa con todos y cada uno de los empleados: ella. Ella, que, a su vez, será su informante número uno.

Sin embargo, como en todo juego de estrategias que se precie, no todo es pedir sino también dar, él, como reconocimiento a su lealtad absoluta (o intentando tenerla), le hará todo tipo de regalos. Cualquier atención que le haga sentir a la secretaria que su jefe *siempre* la tiene presente y la considera... un ser humano.

(*N. de los A.:* Llegar a ser considerado un ser humano es una de las cosas más difíciles de conseguir dentro de una estructura corporativa.)

El de los regalos no es un tema menor ni mucho menos simple. Hay toda una lista preestablecida que, dependiendo de qué tipo de secretaria se tenga, le hará algún tipo de regalo sugerente su gerente.

A continuación, algunos regalos del JHDP con el consiguiente mensaje implícito a su secretaria.

REGALO	**SUGIERE**
Una camisa blanca lisa, diseño Armani, talla "L".	Será lo único Armani que tendrás en tu vida. Probé la talla con una heladera y quedaba perfecta. No creo que tengas problemas, aunque espero que no te vaya chica. No había más grandes en ninguna liquidación.
Una camisa escotada con transparencias Armani talla "S".	La estrenas conmigo sí o sí. Si la talla "S" te queda incómoda y de tan ajustada no te permite respirar, descuida: yo mismo te la sacaré... con los dientes.
Flores: ramo de doce rosas.	Las espinas de una rosa son fáciles de evitar, pero de doce, pago por ver.

REGALO	SUGIERE
Flores: una rosa.	Eran doce rosas, pero he olvidado las otras once en mi departamento. Ven a buscarlas. (Ah, no me ofenderé si vienes usando la camisa Armani apretadísima.)
Un (1) pasaje a Europa.	Puedes ir y no volver.
Dos (2) pasajes a Europa.	Podemos ir y no volver. No olvides llevar tu camisa Armani ajustada.
Un (1) turno para colocarte un (1) DIU.	Ya tengo herederos; ni se te ocurra o morirás con tu camisa Armani ajustada... a tu cuello.

Más allá de las generalidades, el "género secretaria" puede dividirse en varias subespecies según sus estilos, a saber: la Sexy, la Intelectual, la Abuela, la Techie, la Esposa del Jefe, la Fea, la Desbordada, la Fácil, la Eterna y el Secretario.

La Sexy: Es un bombón y lo sabe. Se viste para matar, el uniforme de trabajo le queda al dedillo y todos siguen con atención su andar armónico de gacela distinguida. Intuye que ha sido elegida por su condición sexy y no le molesta, ya que gracias a esa condición ha obtenido muchos beneficios. No esconde su ambición pero sí su relación amorosa con el jefe. Es experta en dar excusas por él (sobre todo a la esposa de él). No tiene relación con el empleado promedio ya que, según ella, ellos carecen de clase y ella es de la clase de las que les gusta la *clase*.

Recomendación: No entablar vínculos cotidianos. Es muy peligrosa.

La Intelectual: Se esconde detrás de un par de lentes clásicos y un libro de Franz Kafka o Charles Baudelaire. Jamás la encontrarás hablando de lo que se ha dicho en la televisión, mucho menos de la música de moda; a lo sumo, sí, un poco de música clásica o jazz. Se interesa por hacer múltiples lecturas acerca de las problemáticas de la empresa, pero no elige jugar su posición por ninguna. La clave para darte cuenta de si tiene un romance con el jefe es por el aspecto: de un día para otro cambia el armazón de sus anteojos por unos muy caros y de diseño, sus zapatos dejan la suela de goma por un taco aguja, la imagen de Sartre que llevaba en su collar ha cambiado por una perla negra y la pollera de su trajecito se ha ajustado y acortado. Si este "destape" ocurre, es porque ha dado el paso de *tapada de trabajo del jefe* a *destaparse haciéndole el trabajito al jefe.*

Recomendación: No entablar vínculos cotidianos. Es muy peligrosa.

La Abuela: Es la clase de secretarias que toda esposa de jefe querría para su marido. El único rasgo de sexo que surge de ella es el recuerdo de una relación treinta años atrás: un hijo de veintinueve años. Es experta en tenerle preparado el té al jefe apenas éste llega al trabajo, suele tener algunas dificultades manejándole la agenda debido a olvidos producto de la edad y suele ser nula para todo lo que tenga que ver con envío y recepción de e-mails. Esta clase de secretarias se jubila en su puesto, aunque en el último tramo de su carrera suele ser acompañada por alguna junior que sabe manejar el correo electrónico. La abuela es muy chusma y quiere saber todo de todos, pero lo más complicado es que luego no recuerda qué dijo a quién, cuándo escuchó qué, y cómo y dónde pasó qué, entonces puede llegar a decir que alguien dijo algo que nunca dijo, que algo que prometió guardar como secreto lo escuchó en la televisión y todos lo sabrán, etcétera.

Recomendación: No entablar vínculos cotidianos. Es muy peligrosa.

La Techie: Sabe todo acerca de la tecnología y se lo pasa chateando en el trabajo mientras escucha su mp3. Cuando el jefe no sabe cómo realizar una presentación o se le resetea o "cuelga" su computadora, ella siempre está bien dispuesta a acercar una solución. Y si no la sabe, siempre en el chat tiene a alguien online más tecnológico que ella a quien consultar. Suele llevar siempre su cámara digital y saca fotos todo el tiempo para luego "colgarlas" en su *fotolog*[7]. Cuida y respeta la relación con su jefe porque sabe que, mientras ella ocupe el lugar que ocupa, tendrá a su disposición Internet gratis las veinticuatro horas y todos los accesos libres que necesite en la Red para bajar música inclusive, ya que baja música para ella y para su jefe. Gusta de investigar los correos electrónicos y sabe cómo ingresar a las direcciones de otros empleados. Puede llegar a ser la llave informática del jefe para una investigación más o menos profunda de la información de trabajo que viaja a través de la red de la empresa.

Recomendación: No entablar vínculos cotidianos. Es muy peligrosa.

La Esposa del Jefe: Suele suceder que en compañías familiares pequeñas o medianas, la mejor manera de tener un control de lo que sucede es poniendo a la propia esposa para

[7] *Fotolog*: Página gratuita de Internet de la familia del *blog*, que se usa para compartir fotografías de todo tipo con gente de todo tipo. Para más información buscar *fotolog* en Internet junto con el nombre completo de su secretaria techie, y luego consultarle qué hacen esas fotos suyas en la Red.

sumar ojos y oídos durante la jornada laboral. Es una de las secretarias más conflictivas en todo sentido, debido a que suelen tener dificultades para separar la vida personal de la laboral. Pone en juego los celos y asuntos familiares, y cualquier malestar producido "en casa" lo descarga con los empleados. Cree tener más poder que su marido, y en muchos casos lo tiene. No tuerce la balanza de la justicia ni a favor de su marido ni a favor del empleado: lo hace a favor de ella misma. Uno de los rasgos que más seducen de la secretaria esposa es que suele ponerse en un lugar muy maternal con los empleados que dependen de su marido. Lo negativo de este punto es que nunca se sabe si, como madre, brindará un consejo o una paliza.

Recomendación: No entablar vínculos cotidianos. Es muy peligrosa.

La Fea: Tiene gran aprecio por su jefe y lo defiende en un ciento por ciento, sobre todo por haberla escogido entre tantas mucho más bonitas que ella (nunca sabrá que fue elegida como estrategia para que la esposa del jefe no desconfíe de su marido en el trabajo, en particular de la tesorera, a quien él llama *tesorito*). La Fea es operativa, pragmática y muy eficiente; siente que el que tiene es un buen trabajo, en especial porque allí todos la tratan como si fuera linda. Algunos porque necesitan tenerla de su lado y otros —nunca falta el empleado miope al que RR.HH. no le aprueba el gasto para sus anteojos recetados— porque así lo creen. Cuando comparte el horario de almuerzo con el empleado promedio suele cerrar su boca y abrir su corazón para escuchar. Luego, cuando entra a la oficina de su jefe, y tras un piropo propiciado por él, realiza la operación inversa: abre la boca y cierra su corazón. Sólo se la escucha a ella hablando a borbotones. Es un arma letal, una informante perfecta. Ya lo dice el dicho: "Fea la actitud, fea la secretaria".

Recomendación: No entablar vínculos cotidianos. Es muy peligrosa.

La Desbordada: Suele ser tan alegre como desordenada. Se ahoga en un vaso de agua y nunca cumple del todo con la tarea que se le encomienda. Nadie entiende cómo obtuvo un puesto de tanta responsabilidad... hasta que se enteran de que su padre es accionista de la compañía. Su relación con el jefe, más allá de lo profesional diario, es de *touch and go*: cada vez que ambos se encuentran entre bebidas en una fiesta, antes de volver cada uno a su hogar, suelen pasar por un hotel alojamiento a ver "qué pasa". Y siempre "pasa que". La desbordada suele dejar, sin darse cuenta, papeles con información sensible en su escritorio a la vista de todos, en particular aquella relacionada con los gastos que hace el JHDP cuando tiene algún invitado del trabajo (incluso el gasto del hotel alojamiento). Las listas de los salarios también suelen formar parte del paisaje de su escritorio. Por eso, cada vez que un empleado desea enviarle a su jefe alguna nota con información clasificada, corre el riesgo de que ésta se haga pública en ese escritorio. Por ello siempre es conveniente llevarse bien con esta clase de secretarias: aunque no parezca, tienen muy claro el orden que guardan en su desorden y, de llevarse mal con ellas, podría aparecer en ese pilón de papeles, quizás, alguna hoja incriminatoria para con quien la moleste.

Recomendación: No entablar vínculos cotidianos. Es muy peligrosa.

La Fácil: Todos han tenido algún tipo de encuentro sexual con ella. Bueno, todos no: excepto el jefe, que considera vulgar el solo hecho de pasar siquiera por allí donde haya estado un empleado. Ella tiene información de todo lo que cada uno piensa acerca del JHDP, pues la misma ha sido recogida (nos referimos a la información) durante esas largas noches de placer en la que todos han intentado que sea ella quien suelte prenda. La fácil es muy sensible (su piel también, y de hecho por eso es fácil), su autoestima es baja y puede llegar a explotar en cualquier momento. De ocurrir esa explosión puede llegar a "pintar" las paredes a los cuatro costados con la información que ella tiene acerca del jefe que representa y de sus representados. Por eso recibe innumerables regalos de sus compañeros, que buscan —en vano— mantener su autoestima en alto y que los estime. Basta un solo *pendiente* de regalo que le haga el jefe para tenerla en la palma de su mano y sacarle toda la información. El JHDP no utiliza este recurso porque, aunque sabe que puede hacerlo cuando lo necesite, es muy HDP como para regalarle algo.

Recomendación: No entablar vínculos cotidianos. Es muy peligrosa.

La Eterna: Está ahí desde gestiones de varios jefes anteriores, exitosas y no tanto, incluso desde el comienzo mismo de la compañía. Soporta malos tratos e injusticias de todo tipo sólo por una razón suprema: llevar el dinero a su hogar y a sus hijos. Conserva su puesto no tanto por su eficiencia —que la tiene— sino porque echarla luego de tantos años sería carísimo. Es útil con cada jefe que llega/asciende al cargo debido a la gran información que posee sobre los aciertos y —sobre todo— los errores de los jefes antecesores. En general se trata de una mujer altamente jovial que supera las cuatro décadas, que aún mantiene cierta belleza y cuya sabiduría árabe le permite sentarse tranquila en su silla a ver pasar el cadáver de cada uno de sus Jefes Hijos de Puta.

Recomendación: Entablar vínculos cotidianos con ella. Es muy peligroso no hacerlo.

El Secretario: Es el peor de todos, pues es el verdadero aprendiz de JHDP. Ha llegado hasta ese puesto con la sola idea de aprender, avanzar y destronar al jefe. Maneja mucha información y sabe presionar para conseguir sus metas. Suele ser manipulador y, en la gran mayoría de los casos, muy mala persona (en la minoría de los casos no llega a ser persona). Es muy versátil, ya que puede desempeñarse como secretario, asistente bilingüe, dactilógrafo, chofer, experto en trata de blancas e incluso como novio. Todo vale en la búsqueda por alcanzar su objetivo: el cargo del jefe.

Recomendación a los JHDP: No tener nunca un secretario.

Un dato más que ilustra cuán HDP puede ser un secretario: los gremios y sindicatos no tienen ni gerentes ni jefes. Tienen secretario general, cargo que resume en un único sillón toda la hijoputez que podría ser posible si se lograra la hipotética cruza entre un secretario y un general.

El encargado de Librería

Pieza fundamental en el mapa de una corporación, la Librería se ha vuelto cada vez más importante dado que es la gran proveedora de insumos del empleado. Si bien su nombre corresponde a cuestiones ya históricas casi de museo, en la actualidad sus estantes contienen una lista de productos que corresponden a los tiempos que corren y que guardan estrecha relación con la tecnología, sin la cual el mundo —y por supuesto la empresa— dejaría de funcionar tal y como lo conocemos.

El encargado de Librería es, a diferencia de la secretaria, un personaje sin maldad aparente pero con un gran poder.

Le lleva tiempo descubrir que lo tiene, pero cuando lo sabe puede ser implacable en su labor, pues pasa a sentir que es una especie de jeque árabe que controla el petróleo del mundo o algo así. Hay que ser justos y reconocer que algo de eso sucede pues, sin su participación, la maquinaria cotidiana de la empresa se entorpece y, en la mayoría de los casos, se detiene directamente.

No se trata de un puesto fácil para cualquier mortal, ya que un corazón generoso en un lugar donde hay tanto para dar puede crear un grave problema financiero y económico difícil de remontar para un JHDP.

Como ya hemos dicho, los sindicatos han peleado por controlar —entre otros puestos— el Departamento de Librería. Sólo basta usar un poco la imaginación para ver que, en un mundo en el cual cada día que pasa queda menos bosque, quien maneje el papel manejará el mundo.

De cómo un JHDP puede manipular a sus empleados generándoles un caos en forma adrede

Cuando un JHDP está de mal humor por cualquier causa (que puede ir desde una mala nota de su hijo en el colegio hasta una derrota deportiva de su equipo favorito, pasando por que tiene turno para un tacto en su próstata) o está aburrido y quiere ver algo de acción, suele encontrar algunas actividades que le sirven para transformar su rato de ocio en algo muy ameno y divertido... al menos para él.

Es entonces cuando levanta su teléfono y ordena al encargado de Librería alguna de sus "ocurrencias":

- Que los pedidos de artículos de cada sector se realicen una vez al año. Como si uno pudiera prever todas las lapiceras/hojas/ganchitos del abrochador que va a utilizar, los CD que va a necesitar o la cantidad de tóner que gastará en impresiones.

- Que de ahora en más la impresora sea sólo una, compartida en red para todos los departamentos. De este modo se ahorrará, pues se unificarán las hojas de impresión, por lo que todos deben implementar el tamaño L3 del papel. Los beneficios serán dos: la resma de doscientas hojas rinde más, y se evita que los empleados lleven hojas a sus casas, ya que no es la medida que habitualmente utilizan los hijos en sus carpetas para la escuela.

- Que no se podrá sacar más fotocopias. Quienes las necesiten deberán pedirle a la secretaria del jefe que ella misma escanee el documento a fotocopiar y lo imprima en la impresora del directorio. De este modo se elimina el problema de las fotocopias personales y la divulgación de ciertos documentos fotocopiados por la gerencia olvidados en alguna máquina de pasillo.

- Que el encargado de Librería se tome vacaciones por estrés sin previo aviso por tiempo indeterminado y que nadie sea designado en su reemplazo.

Estas y otras medidas generan gran cantidad de respuestas que incluyen un alto nivel de agresividad y maltrato desde todos los sectores hacia el encargado de Librería cada vez que éste les comunica las nuevas órdenes impartidas por "el de arriba" (que no es Dios, pero se le parece bastante... excepto porque se comporta como el mismísimo Demonio).

De este modo, el encargado de Librería comienza a juntar odio, hasta transformarse en un Potencial Jefe Hijo de Puta (PJHDP) para el futuro.

En la actualidad, muchos de los insumos son manejados por el Departamento de Sistemas, que se comporta con cierta autarquía e independencia de las gerencias. De hecho, no tiene un *encargado* sino un *jefe* de Sistemas, por lo cual entra en las generales de cualquier JHDP del que venimos hablando en este volumen.

Sin embargo, es bueno en este punto recordar aquella vieja anécdota de cuando el cuerpo humano reelegía jefe y, como siempre, el cerebro era el que presentaba su lista única. Sin embargo, por alguna razón todos quisieron presentarse como candidatos esta vez: las piernas porque eran las que trasladaban al cuerpo; las manos porque eran las que realizaban las acciones y tomaban el alimento; la boca porque era la que los ingería, y así sucesivamente con diferentes órganos de nuestra anatomía.

En ese momento apareció el ano pretendiendo ser jefe. Todos se rieron de él, y una vez más volvió a ser electo jefe el cerebro. Entonces, el ano procedió a cerrarse y a no emitir heces, ni siquiera sonido.

El resto de la historia ya lo sabes: las piernas y manos se hincharon, y el resto de los órganos comenzaron a funcionar mal hasta que le pidieron por favor al cerebro que abdicara su lugar en favor del ano.

La moraleja dice...

Para ser jefe hay que saber cerrarse a tiempo y saber cagar al resto del organismo.

Bueno, reemplaza en esta anécdota el cuerpo humano por la empresa en la que te desempeñas, el cerebro por jefe, el ano por jefe de Sistemas, y tendrás una idea de cómo queda el cuerpo cuando Sistemas o Librería cortan la provisión de los insumos.

4. El coach

El coach es personal externo, o sea, se maneja "por fuera" (*outdoor*) de la estructura laboral pero, sin embargo, llega a tener sobre el jefe una influencia aun mayor que su propia conciencia (en caso de que la tuviera).

¡Atención! ¡Desconfía de él!

En primer lugar, no se puede confiar en nadie que lleve por nombre profesional una palabra que ni siquiera está incorporada al *Diccionario de la Real Academia Española*. Créase o no, en estos tiempos en los que la Academia incorpora cualquier vocablo de uso común para arruinar nuestro hermoso idioma español, si uno busca *coach* en www.rae.es se encuentra con el siguiente aviso:

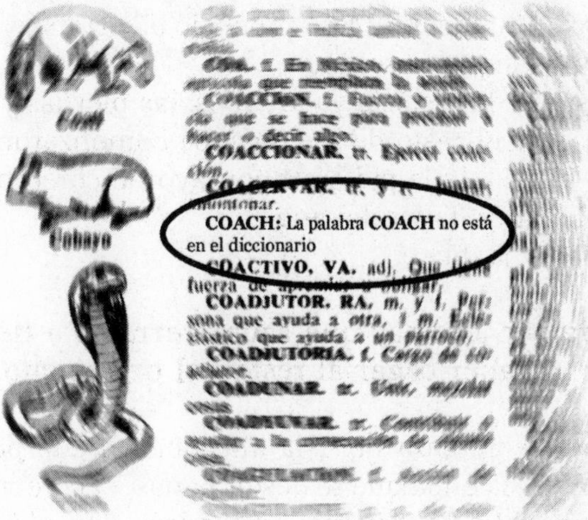

Lo cual nosotros interpretamos —libremente, por supuesto— como:

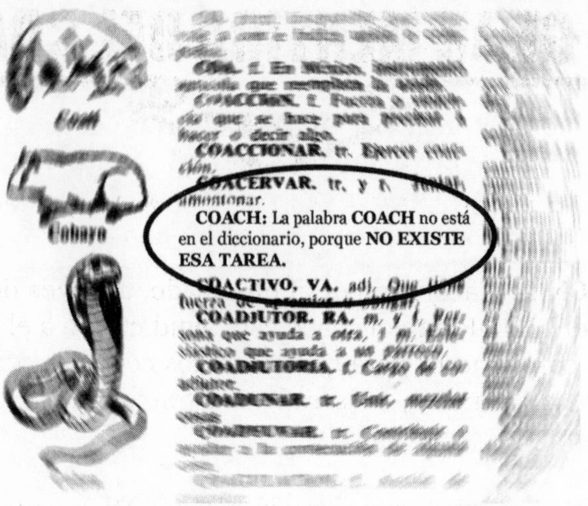

El coach es quizás el elemento más peligroso en este esquema de red de alianzas que hemos planteado al comienzo del capítulo. Es peligroso por muchas razones, pero la principal es su anonimato. Nunca se da a conocer, nadie vio su cara jamás, no se sabe ni su edad, ni su altura, ni siquiera su sexo. Sólo que es "el coach del jefe".

La macabra y principal función del coach consta de dos partes fundamentales que algunos intelectuales, desde la clandestinidad, han denominado "La gran mentira del coach".

Veamos cómo funciona:

LA GRAN MENTIRA DEL COACH

FUNCIÓN 1: Hacerle creer al empleado, a través de comentarios del JHDP, que el coach está ayudándolo a él y al resto de sus compañeros para que quien los coordina y dirige sea una mejor persona, más reflexiva, mejor enfocada y más generosa.

Trampa: La trampa que tiene la **FUNCIÓN 1** es que ningún JHDP puede ser *mejor persona* porque para que eso ocurra primero tiene que ser *persona*, y eso ya no depende de ningún coach, por lo que no puede garantizar esa parte del trabajo.

FUNCIÓN 2: Hacerle creer al propio JHDP que tiene las respuestas a todos sus problemas y que puede estimular sus sentidos al punto de convertirlo en "el mejor en su tarea, el más competente, el más audaz y hasta el más dotado".

Trampa: El coach nunca puede hacerle creer al JHDP algo que —por definición de JHDP— él ya cree desde antes de haberlo conocido.

Asimismo, existe un doble juego en la relación JHDP-COACH, el cual tiene basamento en las vanidades de ambos, pues:

a) **El JHDP** quiere y necesita tener más gente subordinada a su cargo. Si dichos subordinados son brillantes y tienen educación (tal como se muestra su coach), mucho mejor, pues esto lo hará sentir más alto en la estructura intelectual y de poder.

b) **El coach** se cree el mejor porque su trabajo consiste en "decir lo que el otro quiere escuchar y encima le pagan por hacerlo". Además, ese "otro" es ni más ni menos que el jefe máximo de una empresa.

En síntesis, tenemos:

Lo que más une a un JHDP y a un coach es sencillamente que ninguno de los dos trabaja.

Capítulo 11

El gran impostor

(Historias inmorales que dejan enseñanzas)

Ser jefe es saber despedir cuando
no se sabe qué decir.

EX JEFE DE DEMIAN STERMAN

La gran mayoría de las personas que ocupan altos cargos de mando tales como jefaturas, gerencias o direcciones en algún momento sienten una voz interior que les dice que, al haber llegado hasta allí y habiendo colmado las expectativas de su propia carrera, es momento de demostrar todo lo que han aprendido y pasarlo a las nuevas generaciones, de dejar su legado.

Es por eso que dan directivas a sus secretarias y a los del Departamento de Marketing y/o Recursos Humanos para que organicen exposiciones, seminarios o mesas redondas que los tengan a ellos mismos como principales oradores. El fin de todo este circo, además de dejar su legado, es tener la posibilidad de lucirse frente a "la raza inferior" (los empleados) y sentirse los grandes dignificadores de los puestos de máximo rango.

Es en esas exposiciones en las que se sienten tocar el bronce. Uno puede pensar: ¿por qué preocuparse por un metal que ni siquiera es el más caro? Bueno, basta con hacer el ejercicio de observar el orgullo del deportista que obtiene el tercer puesto en una competencia olímpica, y así se podrá entender lo que significa "alcanzar el bronce" (sobre todo teniendo en cuenta que un JHDP ya se ha alzado primero con el oro y la plata, evitando los contralores olímpicamente).

El bronce además le permite al JHDP creerse un prócer. Y lo bueno de ser prócer es que los próceres sólo tienen laureles y jamás dejan trascender un rasgo de hijoputez a los monumentos, pues se llevan todos sus secretos a la tumba.

Sin embargo, existe un problema: la *omnipotencia* del jefe, que le hace creer que tiene capacidad de exponer sus ideas frente a quien sea, por el tiempo que sea. Pero llegado el momento de preparar los discursos, lo que se ha hecho, vivido y —sobre todo— la formación que se ha recibido para ejercer el puesto más alto, llegan a su mente sus propios conflictos internos: una fuerte inseguridad; el temor a la "página en blanco"; lo que no se puede ni se debe decir acerca de cómo se llegó adonde se llegó; y un sinnúmero de cuestiones relacionadas con parte de la "tarea sucia" del ejercicio del poder. Entonces quedan paralizados, se sienten vulnerables y sin argumentos para transmitir.

Paradójicamente, habían pedido la palabra porque tenían *colmadas* las expectativas, y ahora se sienten *vacíos*.

¿Qué hacer?

En fin... los JHDP son jefes, y siempre hay una solución a mano para un jefe. Ya hemos hablado en capítulos anteriores de la historia de los jefes y de la tecnología. Bueno, ambos capítulos acuden en ayuda del JHDP convertidas en "herramienta secreta" y le permiten salir airoso en sus discursos.

¿En qué consiste la herramienta secreta?

Pues se trata de una "Tabla Periódica de Fragmentos para Discursos Instantáneos", cuya función es la de ofrecer en un segundo una cantidad infinita de combinaciones posibles de frases para desarrollar un "discurso de jefe" para cada evento que así lo requiera.

Dicha tabla contiene frases y citas históricas de jefes y próceres de la hijoputez, y se halla en permanente expansión pues se retroalimenta de los mismos discursos que produce constantemente.

A continuación, ponemos a vuestra disposición la "Tabla Periódica de Fragmentos para Discursos Instantáneos".

Instrucciones de uso: Elige una opción de la columna (I), combínala con otra de la columna (II) y así sucesivamente con las columnas (III) y (IV), utilizando como nexo datos de la empresa que no se quiere comunicar pero que sí o sí deben ser nombrados solapadamente para evitar futuros juicios y reclamos (baja de sueldos, anulación de bonus, quita de vacaciones y stop de ascensos). No es necesario mantener ningún tipo de orden ya que, en este caso, *el orden de las frases no altera el discurso*, pero podrás observar cómo, con la sencilla fórmula (I) + <NEXO> + (II) + <NEXO> + (III) + <NEXO> + (IV), el discurso resultante sale de inmediato.

	I	II	III	IV
1.	Estimados presentes...	...en estas circunstancias que nos toca vivir...	...estamos en condiciones de considerar una evolución favorable de...	...aquellas condiciones administrativas en las que nos vemos obligados a actualizar. Teniendo en cuenta los tiempos que corren y la delicada posición en la que estamos hoy parados.
2.	A ustedes...	...en estos tiempos duros pero coyunturales...	...debemos aunar nuestros esfuerzos para realizar una evaluación objetiva de...	...los primeros objetivos planteados. Con ello, y con el esfuerzo de todos los presentes involucrados, demostraremos al mercado quiénes somos y de lo que somos capaces. Eso nos permitirá enfrentarnos con altura y madurez a situaciones como la que hoy nos ha tocado vivir.
3.	A esta gran familia...	...con toda la consideración de los momentos que estamos viviendo...	...debemos entender que el mercado nos exige una valoración objetiva de...	...las ideologías comunes con el fin de evitar conflictos internos que podrían llevarnos a generar otros mucho más graves, afectando así el maravilloso equilibrio que hoy tenemos puertas adentro y puertas afuera de nuestra gran compañía.
4.	A los que **en mí** confiaron...	...más allá de que todos tengan su propia posición respecto de la situación actual...	...**nos*** parece imprescindible reconocer aquellos elementos determinantes de... * (*N. de los A.:* Por más que el JHDP hable de mí, las duras decisiones nos tocan a todos.)	...los análisis que **hemos** realizado, lo que **nos** obligaría a reconocer la necesidad de salir en búsqueda de aquellos modelos más eficaces para visualizar salidas más productivas que nos beneficien a todos y a cada uno.
5.	A los que han decidido subirse a este barco...	...con actitud positiva pero sin subestimar los duros momentos por los que estamos pasando...	...la honestidad nos obliga a sincerarnos y sacar conclusiones posibles de...	...un paquete de medidas correctivas que den como resultado mayor claridad en la aplicación de aquellos criterios valorativos siempre en busca de mejorar los que han venido rigiendo hasta el momento y que han dado muestras positivas pero no suficientes respecto de nuestras actuaciones

6.	Señores...	...quizá sea bueno mencionarlo, porque sería irresponsable hacer la vista gorda...	[illegible] tablas los resultados que obtuvimos hasta el momento por medio de una aplicación sistemática de...	demuestren reacción, orientadas a abrir nuestro abanico de posibilidades en la generación de opciones de actuación, y así presentarnos resultados positivos.
7.	Respetados colegas...	...agradezco el honor de tenerlos frente a mí y sería indigno de mi parte no tener en cuenta que...	...es posible un diseño de parámetros que nos acerquen aun más a...	...otros enfoques. Otras maneras de poder ver el mundo más allá de esas visiones que hoy ya tenemos, y así poder aplicar nuevos métodos que nos pudieran dar mejores resultados y mayores dividendos.
8.	A ustedes, a los que todo les debo...	...hemos llegado hasta aquí sobreponiéndonos a la adversidad que aún hoy sentimos pero que juntos —los que continúen aquí— superaremos...	...no hay que ubicarse en un lugar pesimista sin aceptar que hay una leve mejoría de la situación, como resultado de la aprobación de...	...este conjunto de medidas inspiradas en nuestra experiencia, pero sin descuidar lo que el mercado nos está diciendo, que es incorporar otro conjunto que estamos estudiando para que nos garantice un crecimiento mayor al que ya hemos tenido y cuya entrada en vigor debe suponer para todos nosotros un importante estímulo.
9.	A ustedes, que han postergado una vez más a sus familias para estar aquí...	...es imprescindible destacar que a pesar de considerar opiniones de gente muy valiosa, a nosotros nos parecen erróneas...	...es necesario hacerse un replanteo de las posibles influencias que puede tener el abuso de los factores internos y externos de...	...actuaciones individuales, de las cuales no toleraremos aquellas carentes de proyección y que tengan actitudes inadecuadas a las necesidades de esta nueva era. Pero sí el espíritu de equipo que debe regir nuestra labor.
10.	Escuchen...	...siempre defenderemos y nos someteremos a aquellos ideales y valores que consideramos justos...	...es necesario que construyamos un compromiso que nos permita un mayor nivel de eficacia y a la vez tomar responsabilidad con las obligaciones para la aplicación de...	...normativas, intervenciones y nuevos estilos para poder poner mayor control en beneficio de todos. Podrá parecer antipático, pero es por el bien común. Resultan imprescindibles para los tiempos que enfrentamos si es que queremos alcanzar en un mediano plazo una mayor llegada, con profesionalismo, a los nuevos esquemas planificados.

Sin embargo, aquí no termina el asunto. La "Tabla Periódica de Fragmentos para Discursos Instantáneos" ha resuelto el discurso que posiciona pero que —en la mayoría de los casos— suele ser frío y no llega al corazón de la audiencia. Es por eso que —y aquí se hace necesaria la condición de los grandes oradores— a un frío discurso inicial siempre debe acompañársela de alguna experiencia emocional, una vivencia o un cuento emotivo que acerque y coloque a todos, jefe y empleados, en un mismo plano: el humano, aunque parezca contradictorio hablar de un JHDP con sentimiento humano.

He aquí otra de las ventajas que permite la Tabla. Porque luego de combinar las diferentes columnas, le permite al JHDP una suerte de *filling in the blanks* que deben ser llenados con los datos particulares del evento en cuestión. Por ejemplo:

"Ya en épocas difíciles nos decía <NOMBRE DEL FUNDADOR DE LA EMPRESA, PREFERENTEMENTE **Mi Padre**> que si el enemigo <NOMBRE DE LA COMPETENCIA> nos invadía con sucias armas tales como <PONER NOMBRE DEL PRODUCTO>, lo que debíamos hacer era <PONER LA SOLUCIÓN QUE EL JHDP ACTUAL SUGIERE, POR EJEMPLO, **BAJAR LOS SUELDOS**>. Y fue entonces como... <AQUÍ DEBE QUEBRARSE LA VOZ>... fue entonces como vuestro querido <NOMBRE DEL FUNDADOR DE LA EMPRESA, **Mi Padre**> se fue de este mundo sin haber... <QUIEBRE DE VOZ>... sin haber disfrutado de la bonanza de que han disfrutado ustedes. Es por eso que, en su nombre, les pido este sacrificio, para poder ofrecerle luego nuestro triunfo a su memoria. **<APLAUSOS DE LOS ALIADOS QUE CONTAGIARÁN AL RESTO DE LOS EMPLEADOS, PARA QUE OLVIDEN QUE SUS SUELDOS ESTÁN SIENDO DISMINUIDOS>**".

Existe la posibilidad de que aún estés pensando que esto es muy parecido a los discursos que hacen muchos políticos, incluso cuando llegan a presidentes. Bueno, es preciso tener en cuenta que un político que vive de la política necesariamente debe ser al menos un poco HDP. Y uno de los sinónimos de presidente es ni más ni menos que *"jefe* de Estado".

Cualquier semejanza de este libro, pues, con un *Jefe de Estado Hijo de Puta* **NO** es mera coincidencia, y lo mismo corre para jefes de Gabinete, jefes de partidos políticos, jefes de bloques de legisladores y otros **J**efes **H**onorables **D**e **P**olíticos (JHDP) que andan por ahí.

Si así y todo, cuando llega el momento de sentarse a escribir su discurso, el alto ejecutivo comienza a sentir nuevamente fuerte inseguridad y una vez más el temor a la "página en blanco", queda un último e infalible recurso, también relacionado con la tecnología:

Robar de Internet.

Internet ha sido desde sus comienzos integradora de sociedades y niveles intelectuales diversos. Allí, portales adentro, grandes y pequeños pensadores, brillantes y opacos profesionales, ilustres desconocidos y famosos depositan sus estudios, análisis, conclusiones y pensamientos para aquellos que por curiosidad y/o necesidad necesitan hacerse de ellos en forma libre y gratuita.

Así es como las grandes enseñanzas, las elevadas discusiones, las experiencias y los debates escuchados en los últimos cinco años en cada congreso, foro o mesa redonda en que altos JHDP han expuesto sus pensamientos no han sido otra cosa que adaptaciones[8] de cuentos, ideas y experiencias que circulan gratis por la Red.

[8] Adaptaciones, en el mejor de los casos. En la mayoría sólo se trata del clásico *copy & paste**.

* *Copy & paste*: Concepto utilizado para describir el acto de copiar y pegar un texto o documento sobre otro texto y/o documento.

Una encuesta realizada a seiscientos cuarenta y cinco JHDP de toda Latinoamérica (quienes nos han aportado datos coincidentes con otros encontrados en Internet) arrojó lo siguiente.

Se les formularon cuatro preguntas:

1. ¿En qué se inspira usted para escribir sus ponencias en congresos?

2. ¿De dónde saca el material que luego expone?

3. ¿Cómo llega usted a la información que decide transmitir?

4. ¿Está diciendo que su método es subirse a su yate, ponerlo en marcha y pensar?

Las respuestas de los seiscientos cuarenta y cinco encuestados han sido sorprendentemente coincidentes.

Pregunta 1: ¿En qué se inspira usted para escribir sus ponencias en congresos?
Respuesta: ¿De qué periódico me dijo que es usted?

Pregunta 2: Es para un libro sobre jefes. ¿De dónde saca el material que luego expone?
Respuesta: Ah, bueno, ehh, esteee... ¿Quiere un café?

Pregunta 3: No, gracias. ¿Cómo llega usted a la información que decide transmitir?
Respuesta: Bueno, pues... se me ocurre... ¡navegando!

Pregunta 4: ¿Está diciendo que su método es subirse a su yate, ponerlo en marcha y pensar?
Respuesta: Naaa, pibe... en Internet.

De estas respuestas obtenidas hemos realizado el siguiente análisis:

- Un 99 por ciento ha admitido el uso de Internet para el armado de sus discursos.
- El 1 por ciento restante admite no dar discursos.
- Del 99 por ciento que da discursos, un 98 por ciento ha admitido que se inspira en cuentos de Internet pero que realiza "cambios fundamentales" respecto de los originales (por ejemplo, el cambio de nombre del autor, lugares y fecha).
- El 2 por ciento restante consultó a su secretaria sobre qué debía responder.

(*N. de los A. 1:* En el 87,6 por ciento de los casos ha habido coincidencias sobre el material elegido. Eso nos da a pensar que los JHDP o se ponen de acuerdo o se roban entre ellos.)

(*N. de los A. 2:* Pedimos disculpas si algunos de los cuentos a continuación tienen *copyright* o derechos de autor. Aquí los hemos omitido, puesto que cada JHDP que nos los ha acercado lo ha firmado adjudicándoselo como propio.)

Lo que exponemos a continuación es apenas una selección de once casos que ilustran cómo la gran mayoría de los JHDP se apropian (entre otras cosas de las cuales se apropian) de un sinnúmero de experiencias y cuentos que circulan libremente por la Red:

Caso 1

A un simposio llegaron personalidades de todas las latitudes. Quien expuso tiene "en su *haber* el haber cumplido con el *deber*" de 6980 despidos. Para ilustrar a los asistentes, utilizó un cuento de Internet (que por supuesto se adjudicó como de producción propia) sobre la importancia del **lugar de la información**.

> **Ficha Técnica**
>
> **Escuchado en:** Simposio "Cómo ser un líder carismático y que todos sus empleados lo ~~m~~amen".
> **Jefe firmante:** Mr. Ezo.
> **Fuente consultada por el autor:** Internet.

Una pareja de clase media alta está disfrutando de un momento de distensión, nadando en la pileta del fondo de su hipotecada casa y hablando acerca de lo difícil que es hoy día hacer una diferencia económica y poder ganar dinero fácilmente cuando, de repente, se oye el timbre.

—Voy yo, mi amor, tú quédate en la piscina —dijo la mujer.

Acto seguido, se cubre con su bata de toalla y se dirige hacia la puerta. Al abrir se encuentra con que es González, compañero de trabajo de su marido, que le dice:

—Te doy dos mil pesos si me dejas ver qué hay debajo de tu traje de baño.

La pregunta la toma por sorpresa, pero rápidamente recuerda el tema del que estaban hablando con su marido y las dificultades que encuentran para obtener dinero de manera fácil, entonces corre su bata de toalla, desprende su traje de baño y se muestra tal como Dios la trajo al mundo... más el agregado de milagrosas siliconas.

El hombre observa —y escanea— la figura femenina que tiene frente a él, mete la mano en su bolsillo, saca un fajo de dos mil pesos, se lo entrega a la mujer, le agradece el gesto y se va.

Aún sorprendida por lo sucedido y un poco aturdida por la rapidez y la sencillez con las que ha conseguido el dinero, la mujer vuelve a acomodar sus ropas, cierra la puerta y se adentra en su inmueble. Cuando se cruza con el marido éste le pregunta quién tocó el timbre. Ella responde:

—Era González, tu compañero del trabajo.

Y el marido le dice:

—¡Me había olvidado de decirte que debía pasar a devolverme dos mil pesos que le presté hace un mes! ¿Te los dejó?

Inmoral**eja**:
En una compañía, la información es fundamental. Para evitar contratiempos y situaciones indeseables, siempre es mejor tenerla.

Caso 2

Continuando con este tema, en otro encuentro se habló de **la importancia de la información**. Mr. Brok Colie fue el responsable de tomar la palabra, tomar medio litro de vino y también tomar por sorpresa el trasero de una secretaria que pasaba por ahí. Parte de su discurso fue plagiado ya no de una sino de varias páginas de Internet.

Ficha Técnica

Escuchado en: Simposio "Soy un líder muy carismático, y todos mis empleados se inclinan ante mí mirando hacia otro lado".
Jefe firmante: Brok Colie.
Fuente consultada por el autor: Internet.

Un cura va conduciendo cuando de pronto ve a una monja parada a un lado de la carretera esperando el autobús. El cura se detiene y le ofrece llevarla hasta el poblado más próximo. La monja acepta y pone el equipaje en el asiento trasero. Al sentarse, su hábito se abre un poco dejando ver una hermosa y blanca pierna.

Cuando el cura lo advierte casi provoca un accidente de tránsito. Aunque consigue controlar el coche, no resiste la tentación y pone su mano en la pierna de ella.

La monja mira al cura y le dice:

—Padre, recuerde el salmo ciento veintinueve.

El cura retira rápidamente su mano y pide disculpas, pero sus ojos se resisten a dejar de mirar la pierna, por lo que, poco después, su mano vuelve a saltar de la palanca de cambios, esta vez hasta la rodilla de la monja.

—Padre, recuerde el salmo ciento veintinueve —reitera la monja.

El cura, contrariado, retira la mano y trata de disculparse:

—La carne es débil, hermana...

Llegan al poblado más próximo y ella desciende, mira fijo al cura y le agradece el haberla acercado. El cura prosigue su viaje y cuando llega a su destino corre a ver qué dice el salmo ciento veintinueve. Cuál fue su sorpresa cuando finalmente lo lee: "Sigue adelante e inténtalo. Alcanzarás la gloria".

Inmoral**eja**:
Esté informado al máximo sobre temas relacionados con su trabajo o se expone a perder grandes oportunidades.

Caso 3

La señorita Mía Money, coordinadora de la mesa redonda "Llegar es para unos pocos", abrió la exposición dando cuenta de una historia que ilustraba de la manera más sólida cómo se debe **reaccionar ante una situación desfavorable**.

Ficha Técnica
Escuchado en: Mesa redonda "Llegar es para unos pocos".
Jefe firmante: Señorita Mía Money.
Fuente consultada por la autora: Internet.

(*N. de los A.:* Esta historia fue encontrada tiempo después en muchas páginas de Internet con —por lo menos— treinta y dos diferentes adjudicaciones de su autoría.)

Un joven de la ciudad fue al campo y le compró un burro a un viejo campesino por cien euros. El anciano acordó entregarle el animal al día siguiente, pero al día siguiente el campesino le dijo al joven:

—Lo siento, hijo, pero tengo malas noticias. El burro murió.

—Bueno, entonces devuélvame mi dinero.

—No puedo, lo he gastado ya.

—Bien, da igual, entrégueme el burro.

—¿Y para qué? ¿Qué vas a hacer con él?

—Lo voy a rifar.

—¡Estás loco! ¿Cómo vas a rifar un burro muerto?

—Es que no voy a decirle a nadie que está muerto, por supuesto.

Un mes después de este suceso volvieron a encontrarse el viejo vendedor y el joven comprador.

—¿Qué pasó con el burro?

—Lo rifé. Vendí quinientas rifas a dos dólares y gané novecientos noventa y ocho dólares.

—¡¿Y nadie se quejó?!

—Sólo el ganador, pero a él le devolví sus dos dólares y le di uno más por las molestias ocasionadas.

Inmoral**eja**:
Éste es un ejemplo de cómo convertir una situación desfavorable en un éxito.

Caso 4

Ben A. Meé, CEO de una multinacional, participó del seminario "Cómo devolver al empleado todo lo sufrido cuando fue empleado". Para introducir el tema a la audiencia realizó una presentación especial: invitó a subir al escenario a un empleado de su compañía que se había prestado para la ocasión. Una vez parado frente a él, le propinó un fuerte puñetazo en la nariz que lo hizo caer al piso. Luego, cuando el empleado volvió en sí, lo tomó del cabello y lo obligó a besar sus perfectamente lustrados zapatos. En ese momento el CEO miró al público y en voz pausada y tranquila dijo:

—Así es como tratamos nosotros en nuestra compañía a nuestros empleados.

El recinto colmado de JHDP hasta el último asiento se alzó en vivas y fuertes aplausos. Luego el CEO se sentó y desarrolló la siguiente historia para referirse a los beneficios del manejo de la **información correcta y veraz**.

(*N. de los A.*: Historia inspirada en otra exactamente igual que circula por Internet.)

Ficha Técnica

Escuchado en: Seminario "Cómo devolver al empleado todo lo sufrido cuando fue empleado".
Jefe firmante: Ben A. Meé.
Fuente consultada por el autor: Internet.

Un reo, condenado a cadena perpetua por asesinato premeditado y alevoso, se fuga de la prisión tras pasar veintidós años en la cárcel. Al huir entra en una casa en la que duerme una joven pareja.

El reo ata al hombre en una silla y a la mujer en la cama.

A continuación acerca su rostro al cuello de la mujer y sale de la habitación. Arrastrando la silla, el hombre se acerca desesperadamente a su mujer y le dice:

—Mi amor, este hombre no ha visto una mujer en años. Lo vi besando tu cuello y, aprovechando que ha salido, quiero pedirte que cooperes con él y hagas todo lo que te pida. Si quiere tener sexo contigo no lo rechaces y finge que te gusta. No lo hagas enojar. ¡Nuestras vidas dependen de ello! Sé fuerte, mi vida, yo te amo.

La joven esposa le dice al marido:

—Querido, estoy complacida de que pienses así. Efectivamente, ese hombre no ha visto en muchos años una mujer, pero no estaba besando mi cuello, sino que me estaba diciendo al oído que tú le gustas, y me consultó si guardábamos la vaselina en el lavabo. Así que... ¡sé fuerte, mi vida! ¡¡Yo también te amo!!

Inmoral**eja**:
No estar informado verazmente puede acarrear serios inconvenientes. La información pronta y exacta es

fundamental para sortear con éxito el ataque de la competencia desleal y así evitar ingratas sorpresas.

Caso 5

El siguiente cuento ha sido extraído del curso para JHDP "Dar poco para recibir todo". Su principal orador, el millonario Thomas Estah, fue gerente de Estrategia y Planeamiento de una compañía que se fundió precisamente por malas decisiones tomadas en relación con la estrategia y el planeamiento. Luego viajó por el mundo haciéndose rico gracias a charlas brindadas en importantes universidades bajo el lema "Cómo fundé y fundí una compañía".

De entre los discursos más reconocidos que dio hemos tomado el **plan estratégico**.

Ficha Técnica

Escuchado en: Curso "Dar poco para recibir todo".
Jefe firmante: Thomas Estah.
Fuente consultada por el autor: Internet.

Un muchacho entra en una farmacia y pide al farmacéutico:

—Señor, deme un preservativo. Mi novia me ha invitado hoy a cenar a su casa y está que se derrite por mí, así que esta noche pretendo calmarla.

El boticario le despacha el preservativo, pero cuando el joven va saliendo vuelve sobre sus pasos y le dice:

—Será mejor que me dé usted otro preservativo porque la hermana de mi novia, que es un bombón, me hace unos cruces de piernas que le veo hasta las entrañas, y como voy a ir a cenar a su casa...

Toma el segundo preservativo, luego piensa un momento y...

—Mejor deme uno más porque la madre de mi chica, que está de muerte la señora, cuando no está mi novia delante, me hace unas insinuaciones que... y como voy a ir a cenar a su casa esta noche...

Llega la hora de la cena y el muchacho tiene a un lado a su novia, al otro a la hermana y enfrente a la madre de ambas. En ese instante llega el padre, que se sienta al frente de la mesa. El muchacho baja la cabeza y empieza a rezar:

—Señor, te damos gracias por los alimentos... bendícenos a todos... y perdónanos si en algo te hemos ofendido...

Pasa un minuto y el chico sigue rezando:

—¡Gracias, Señor!

Al cabo de otros diez minutos de rezos y oraciones, la novia le dice:

—No sabía que fueras tan religioso...

—¡Yo tampoco sabía que tu padre era el farmacéutico!

Inmoral**eja**:

No comente los planes estratégicos de la empresa a desconocidos: la falta de confidencialidad puede destruir su organización.

Caso 6

El jefe de Marketing de una importante empresa de jabones —el señor Zooba Door— ha creado el congreso "De reo a CEO" aprovechando para pasar publicidad de los productos de higiene personal que ellos producen.

En el transcurso del congreso ha presentado lo que él mismo considera su creación más importante, una frase que ilustra su manera de pensar: "De reo a CEO no sólo cambia una letra. Cambia la manera de tratar mal al mundo".

El señor Zooba Door ha utilizado Internet y el siguiente desarrollo para dar cuenta de lo importante que es **tener la última palabra**.

Ficha Técnica

Escuchado en: Congreso "De reo a CEO".
Jefe firmante: Zooba Door.
Fuente consultada por el autor: Internet.

Un vendedor, un empleado administrativo y el gerente se dirigen a almorzar cuando de pronto encuentran una antigua lámpara de aceite. La frotan y aparece un genio entre una nube de humo.

—Como generalmente otorgo tres deseos, les voy a dar uno a cada uno —dice el genio.

—¡A mí primero! ¡Yo primero! —porfía el empleado administrativo—. Quiero estar de vacaciones en el Caribe y...

...y ¡pluf! Desaparece.

Sin salir de su asombro, el vendedor grita:

—¡Ahora a mí, ahora a mí! Quiero estar en Hawai, descansando en la playa con mi masajista personal, con una inagotable provisión de cerveza y junto a una top model. Y...

...y ¡pluf! Desaparece.

—Bueno, ahora te toca a ti —dice el genio al gerente—. ¿Adónde quieres ir?

—A ningún lado. Sólo quiero que esos dos vuelvan a trabajar después del almuerzo —dice el gerente.

Inmoral**eja**:
Siempre hay que dejar que el jefe hable primero.

Caso 7

Cuenta la historia que el señor Bo Lee Theró devino en CEO por correspondencia (por correspondencia absoluta con el CEO anterior).

Hoy, como jefe de una importante cadena de productos

provenientes de China, explicó con el siguiente cuento **la importancia de ser ubicado y medido**.

(*N. de los A.:* Al igual que muchos de los productos importados por la empresa de Bo Lee Theró, el cuento también es una copia del original que circula sin autor por Internet.)

Ficha Técnica

Escuchado en: Congreso de planes estratégicos para que los demás hagan por el CEO.
Jefe firmante: Señor Bo Lee Theró.
Fuente consultada por el autor: Internet.

Un gerente sostiene unas cuantas hojas frente a la trituradora de papeles. Luce desconcertado, mira para un lado, mira para el otro. En eso pasa un empleado y muy amablemente le pregunta:

—¿Le ayudo, jefe?

El gerente, agradecido, contesta:

—Muy amable, parece que me quedó grande la tecnología.

El empleado, muy diligente, toma las hojas, las coloca en una ranura y se oye el sonido de los papeles cuando se hacen trizas.

El empleado le dice al gerente:

—¿Ve qué fácil?

Y el gerente le pregunta:

—Sí, pero, ¿y ahora por dónde salen las copias?

Inmoral**eja**:
No te metas si no sabes de qué se trata.

Caso 8

Mr. Mecá Güentí, cuando fue encontrado in fraganti por agentes del FBI que buscaban elementos que lo relacionaran por robo con una red delictiva internacional, reconoció que su único vínculo con la red y el robo fue haberse adjudicado como propia una experiencia que encontró sin autor por Internet: la historia de **la importancia de ser claro y decir lo justo en el momento oportuno**.

Ficha Técnica

Escuchado en: Curso de liderazgo - cintas del FBI.
Jefe firmante: Mr. Mecá Güentí.
Fuente consultada por el autor: Internet.

Oscarcito se despierta en casa con una resaca monumental. Se esfuerza en abrir los ojos, y lo primero que ve es un par de aspirinas y un vaso de agua en la mesita de noche. Se sienta y ve su ropa, toda bien limpia y planchada, frente a él.

Entonces Oscar mira alrededor de la habitación y ve que todo está en perfecto orden y limpio. El resto de la casa está igual.

Toma las aspirinas y ve una nota sobre la mesa: "Cariño, el desayuno está en la cocina, salí temprano para hacer unas compras. Te quiero".

Así que va a la cocina, y ahí están el desayuno y el periódico del día esperándolo. Su hijo también está a la mesa, desayunando. Entonces Oscar le pregunta:

—Hijo, ¿qué pasó anoche?

—Volviste después de las tres de la madrugada, borracho, con una botella de champaña en la mano, la corbata en la cabeza y una corneta en la boca... Un desaforado total. Rompiste algunos muebles, vomitaste en el pasillo y te pusiste un ojo morado al darte contra el marco de la puerta.

Confundido, Oscar pregunta:

—¿Y cómo es que todo está tan limpio y ordenado, y el desayuno esperándome en la mesa?

Su hijo contesta:

—¡Ah... eso! Mamá te arrastró hacia el dormitorio y cuando intentó sacarte los pantalones, le gritaste: "¡Señora! ¡Déjese de joder, soy un hombre casado!".

Inmoral**ejas**:
Una resaca autoinducida con champaña: 85 pesos.
Muebles rotos: 1400 pesos.
Desayuno con diario: 10 pesos.
Decir la frase adecuada en el momento justo... no tiene precio.

Caso 9

Mr. T. Vass (h) es hijo del CEO Mr. T. Vass, líder de una mediana compañía de Canadá y conocido por su fuerte sentido de la oportunidad. En un viaje de su padre vio la oportunidad de ocupar su despacho y tomar créditos en su nombre. Luego dejó la compañía endeudada y se fugó con su secretaria a Nicaragua. Hoy es reconocido por su *reputación*: cuando lo ven y lo reconocen... lo *reputean*.

Mr. T. Vass (h) en sus ratos libres (que son muchos) se dedica a dar charlas acerca del **valor de tomar una deuda**.

(*N. de los A.:* Según su padre, pagar la deuda tomada por él tomaría cinco generaciones.)

Ficha Técnica

Escuchado en: Mesa redonda "Llegar, instalarse y adueñarse del trabajador".
Jefe firmante: Mr. T. Vass (h).
Fuente consultada por el autor: Internet.

Éste es un extracto de uno de los discursos de T. Vass (h), que también quedó en deuda con Internet por tomar este y otros cuentos:

> *Lancelot era un alto funcionario de la corte del rey Arturo. Desde hacía algún tiempo, albergaba el deseo de disfrutar de los voluptuosos senos de la reina hasta extasiarse.*
>
> *Un día, le reveló su deseo secreto al mago Merlín —consejero del rey— y le pidió que lo ayudara. Tras pensarlo bien, Merlín estuvo de acuerdo en ayudarlo a cambio de mil monedas de oro.*
>
> *Lancelot aceptó el precio. Al día siguiente, Merlín preparó un líquido que causaba comezón y lo derramó en el sostén de la reina, que ésta había dejado fuera mientras se bañaba.*
>
> *Poco después comenzó la comezón en sus senos, aumentando en intensidad a medida que pasaban las horas, dejando al rey muy preocupado. Enseguida llamaron a Merlín para solicitar su opinión sobre el caso, a lo que él contestó que solamente una saliva muy especial aplicada por un período de cuatro horas curaría el mal. Merlín también dijo que afortunadamente esa saliva podría ser encontrada en la boca de Lancelot.*
>
> *El rey Arturo mandó llamar a Lancelot inmediatamente, quien por las siguientes cuatro horas se dedicó con ahínco a su curativa labor con los senos de la reina.*
>
> *Gracias al mago, Lancelot hizo realidad su sueño y, satisfecho, se encontró horas más tarde con Merlín. Pese a que la misión del mago había sido cumplida y su libido se encontraba satisfecha, Lancelot se rehusó a pagarle y encima lo insultó, indignado. Lancelot sabía que naturalmente Merlín nunca podría contar al rey la verdad porque lo mandarían matar de inmediato.*
>
> *Pero... Lancelot había subestimado a Merlín, que al día siguiente, para vengarse, colocó el mismo líquido en los calzoncillos del rey, quien inmediatamente mandó llamar a Lancelot.*

Inmoral**eja**:
Siempre es mejor pagar tus deudas que tener que succionar las partes de alguien como parte de pago.

Caso 10

Un señor de nacionalidad uruguaya, Enquis Tado, es gerente general de una empresa de pirotecnia y —según sus empleados— especialista en quemarles la cabeza. En esta oportunidad lo hemos escuchado en una mesa redonda tomando como propio un relato de Internet para dar cuenta de **quién es quién en los negocios**.

Ficha Técnica

Escuchado en: Mesa redonda "Cómo ser el negocio".
Jefe firmante: Enquis Tado.
Fuente consultada por el autor: Internet.

Se cuenta que, en una ciudad del interior, un grupo de personas se divertían con el boludo del pueblo, un pobre infeliz de escasa inteligencia, que vivía haciendo pequeños mandados y limosneando.

Diariamente algunos hombres llamaban al boludo al bar donde se reunían y le ofrecían escoger entre dos monedas: una de tamaño grande de doscientos pesos y otra de menor tamaño, pero de dos mil pesos. Él siempre elegía la más grande y menos valiosa, lo que era motivo de risas para todos.

Un día, alguien que observaba al grupo divertirse con el inocente hombre lo llamó aparte y le preguntó si todavía no había percibido que la moneda de mayor tamaño valía menos, y el boludo le respondió:

—Lo sé, no soy tan boludo; vale cinco veces menos, pero

el día en que escoja la otra, el jueguito acaba y ya no ganaré más mi moneda de doscientos.

Inmoral**ejas**:
Quien parece boludo no siempre lo es.
¿Quiénes eran los verdaderos boludos de la historia?
Una ambición desmedida puede acabar cortando tu fuente de ingresos.

Inmoral**eja destacada**:
El verdadero hombre inteligente es aquel que aparenta ser boludo ante un boludo que aparenta ser inteligente.

Caso 11

Bill Mettal es presidente de la Asociación Jefes Hijos de Puta, una agrupación con fines de lucro en la que se discute cuáles son los métodos más letales para comandar una compañía, cuáles han quedado en desuso y cuáles son las tendencias que vienen en abuso de autoridad, destrato y otros placeres gerenciales.

Como a todo presidente, a Bill le hacen creer que es un genio, y él —que sabe que lo es— hace todo lo posible para demostrar que no se lo cree. Como ejemplo, lo ilustra en una de sus ponencias más comunes con la **fábula del genio**, según algunos, de dudosa procedencia. (A nosotros no nos quedan dudas de que también fue rescatada con vida de la fuente de Internet.)

Ficha Técnica

Escuchado en: Foro "Ser CEO es ser genio".
Jefe firmante: Bill Mettal.
Fuente consultada por el autor: Internet.

Una pareja está jugando al golf en un campo muy distinguido, rodeado de bellísimas mansiones. En el tercer golpe, el marido le dice a la mujer:

—Querida, ten cuidado al pegarle a la pelota, no sea que la mandes a una de esas casas y rompas un vidrio. Costaría una fortuna repararlo.

No llega a terminar la frase cuando ella da un golpe y la pelota va directamente contra una ventana de la mejor casa. Él le reprocha:

—Te dije que tuvieras cuidado. Vamos a ofrecer disculpas y ver cuánto nos va a costar el arreglo.

Van hasta la casa, golpean y desde adentro una voz responde:

—Pueden entrar, la puerta está sin llave.

Abren la puerta y ven una botella rota cerca de la mesa y a un hombre con aspecto distinguido sentado en un sillón que les dice:

—¿Ustedes son los que rompieron la ventana?

—Sí —responde el marido con timidez—, y lo sentimos mucho. Queremos pagar el daño.

—De ninguna manera, soy yo el que debe agradecerles. Soy un genio que estuvo preso en esa botella durante miles de años. Ustedes me han liberado, por lo que puedo concederles dos deseos. Les doy uno a cada uno y me guardo el tercero para mí.

—¡Qué bien! —dice el marido—. Yo quiero un millón de dólares cada año, durante el resto de mi vida.

—No hay problema. Es lo menos que puedo hacer por mi libertador.

—Yo quiero una casa en cada país del mundo —agrega ella.

—Tu deseo está realizado.

—¿Y cuál es tu deseo, genio? —pregunta intrigado el marido.

El genio se toma unos segundos y responde:

—Desde que quedé preso en esa botella, hace miles de años, no he tenido oportunidad de tener sexo. Mi deseo es acostarme con tu mujer, porque siempre soñé hacerlo con la primera mujer que viera.

El marido dice:

—Bueno, querida: nos ganamos un montón de dinero y todas esas casas. No sé qué piensas tú, pero es una sola vez. Creo que no está pidiendo mucho.

La mujer asiente entusiasmada... "El tipo no está tan mal", piensa.

El genio la lleva a un cuarto y pasa alrededor de tres horas con ella. Al finalizar, y mientras se visten, el genio la mira y le pregunta:

—Tengo una curiosidad: ¿cuántos años tiene tu marido?

La mujer responde:

—Treinta y cinco.

El genio vuelve a preguntar:

—¿Y todavía cree en genios?

Inmoral**eja**:

No se debe confiar en aquel a quien otros llaman genio.

Epílogo

"In fucking memoriam"

El poder corrompe a quien lo tiene, y a quien no,
le corrompe las pelotas.

SENSACIÓN DE LOS AUTORES

Cuando uno comienza a hablar de jefes, y sobre todo de aquellos que son bien hijos de puta, se crea una catarsis tan necesaria como placentera, por lo que elegir el momento para dejarla de lado incomoda y mucho, pues nadie quiere dejar de hacer lo que bien le hace.

Para nosotros fue difícil tomar la decisión de en qué momento del libro debíamos poner un "capítulo final". Sabíamos que en algún momento debíamos hacerlo ya que todo libro digno de serlo debe tener un "capítulo final". También correspondía darles a ustedes —los lectores— un merecido descanso (cosa que seguramente sus JHDP nunca han considerado... porque ninguno considera los "descansos", y mucho menos aún la posibilidad de que éstos puedan ser "merecidos").

Y finalmente por presión del gerente general del grupo editorial, que nos pide que entendamos "por las buenas" que ya es momento de ir concluyendo este libro que "habla mal de los jefes" y pregunta si puede leerlo antes de que sea editado... por si llegara a encontrar partes que se puedan "malinterpretar". Nos negamos rotunda y terminantemente[9].

La sensación que nos deja un JHDP es la de no poder dejar de hablar nunca acerca de él: mal que nos pese, en

[9] Obviamente, ante nuestra negativa, el gerente general ya no nos volvió a pedir nada "por las buenas". Ésa fue la última vez que vimos en persona al jefe. Luego nos comunicamos vía su secretaria y vía cartas... documento.

algún momento del día estaremos refiriéndonos (generalmente con gruesos epítetos) a él, a su madre, a la vida licenciosa que ha elegido su madre y al bastardo que ha dado a luz esa mujer, el cual, a su vez, se ha convertido con los años en nuestro jefe.

Eso por un lado. Por el otro, en algún momento hay que decidirse a poner una pausa saludable en el tema y hacerlo, lo cual nos da dos beneficios muy importantes:

1. Descansamos un poco la cabeza.
2. Guardamos material respecto de este tema para poder editar en un futuro próximo el segundo libro.

Realmente no sabemos a ciencia cierta si habrá un segundo libro sobre este tema, o si lo haremos nosotros, o si a esta altura del libro no estaremos despedidos de la editorial, o quién sabe... por ahí nos fue tan bien que nos hemos convertido en magnates y grandiosos JHDP.

Pero como de lo que no sabemos preferimos no hablar, hemos decidido ofrecer mientras tanto un marco de apoyo como alternativa:

Ésta es una invitación a todos aquellos que hayan tenido o tengan un JHDP y quieran/necesiten dejar plasmado en un sitio de Internet todas aquellas experiencias curiosas, fotos de jefes que tengan o hayan tenido, situaciones divertidas, molestas, horrendas, simpáticas o simplemente reflexiones que quieran compartir acerca de los JHDP con gente de todas las latitudes.

La convocatoria queda abierta a personas que han sentido o sienten que *al Jefe Hijo de Puta es mejor no olvidarlo —y señalarlo— para no tropezarse dos veces con la misma piedra.* O agarrar esa piedra con la que se ha tropezado y esperar el momento más indicado para arrojársela por la cabeza.

Todos aquellos que quieran participar de este RECUERDO COLECTIVO o GRAN CATARSIS GRUPAL "IN FUCKING MEMORIAM" pueden enviar su e-mail a:

jefehijodeputa@hotmail.com

O visitar y participar del blog:

www.jefehijodeputa.blogspot.com

Queda abierta la invitación para ser parte de esta construcción catártica virtual, y de la generación espontánea de nuestro próximo libro sobre jefes.

Capítulo extra y final

Cómo matar a un Jefe Hijo de Puta

Habiendo terminado y releído nuestro libro caímos en la cuenta de un detalle no menor: en *Cómo sobrevivir a un Jefe Hijo de Puta* ya hemos hablado de qué es un jefe, de las diferencias con un líder, de su origen, de cómo saber si es un psicópata, de su relación con la tecnología, de quiénes son sus aliados y de muchos otros conceptos que rodean la vida laboral diaria, pero nada hemos dicho aún de *cómo* —efectivamente— sobrevivir a un JHDP.

Acudamos entonces nuevamente al *Diccionario de la Real Academia Española*, para recordar qué cosa es exactamente *sobrevivir*:

1. **Dicho de una persona: Vivir después de la muerte de otra o después de un determinado suceso.**

2. **Vivir con escasos medios o en condiciones adversas.**

Como ya nos hemos explayado lo suficiente respecto de la opción 2 (o sea, *vivir con escasos medios o en condiciones adversas dentro de nuestro lugar de trabajo*), vayamos directamente a la opción 1, la que habla de la *muerte de otra persona*, y caeremos en la cuenta de que sobrevivir a un JHDP significa ni más ni menos que *vivir después de la muerte del JHDP*. O sea que, para cumplir con el título de nuestro libro, sería condición *sine qua non* que primero se muera ese HDP que es tu jefe.

Pero ¿y si no se muere, qué? ¿Hay que matarlo? ¿Debes convertirte en asesino del JHDP? ¿Ir preso por homicidio o, en este caso puntual, *jefehijodeputicidio*?

Bueno, en tu defensa se podrá alegar (en realidad, tu abogado lo hará) que se trató de un bien a tus compañeros, a sus familias y a la sociedad en general. Pero ¿valdrá la pena tu sacrificio y autoinmolación ante la justicia?

¡¿Cómo que sí?! ¡La respuesta es NO! ¡No vale la pena! ¡Devuelve ese revólver a tu armería amiga inmediatamente! "¿Y por qué?", preguntarás, "si ese HDP ha hecho ya méritos suficientes". Sencillamente porque asesinándolo no solucionarás nada de lo que hemos analizado en este libro. Porque

> Muerto tu Jefe Hijo de Puta, detrás de él asumirá otro/a igual o peor que él/ella, trátese o no de un miembro de su familia (en caso de empresa familiar).

Ten siempre en cuenta que:

a) Detrás de un gran HDP, siempre hay una mujer/hombre HDP.

b) Los amigos, socios y segundos de un HDP son más HDP que él. Porque el jefe es un HDP genuino, y éstos son tan HDP que no quieren crear su propio espacio para ejercer su hijoputez. No, ellos sólo quieren el sillón del jefe.

c) Si la empresa en la que trabajas va bien, sea quien sea el que venga a heredar/ocupar el lugar de tu jefe, continuarán su labor.

¿Qué hacer entonces?

Bueno, ya hemos visto que no te conviene matarlo; he aquí la disyuntiva:

¿Cómo cumplir con aquello de sobrevivirlo si sigue vivo?

La respuesta es muy simple, aunque algo utópica y sentimental: si no puedes borrarlo de la faz de la Tierra, entonces *mátalo* en el único lugar en el cual ÉL NO PUEDE NI DEBE ser jefe: tu mente y tu vida personal.

Para esto es necesario ser frío, inteligente y —sobre todo— equilibrado. He aquí la clave:

> El Jefe Hijo de Puta debe trabajar todo el día para ser Hijo de Puta y Jefe. El empleado no.

El empleado cumple jornadas de trabajo de ocho horas —algunos diez—, sumadas algunas horas extras, *y nada más*. Claro que no es poco, pero de lograr interrumpir esa rueda, el efecto nocivo se verá reducido a sólo las ocho o diez horas diarias y a los cinco o seis días a la semana que dure cada turno laboral.

Fuera de ese horario, está la vida personal del empleado. Tu vida. Nuestra vida (sí, incluyámonos también).

Nosotros somos nuestros propios jefes.

(Bueno, en algunos casos lo es nuestra pareja, pero eso es material para nuestro próximo libro: *Cómo sobrevivir a un/a Esposo/a Hijo/a de Puta*).

Respecto de ti, debes aprender a decidir sobre tu vida personal dejando al jefe de lado y sacándolo del centro de tus propias miserias.

En cada pequeña cosa de tu vida, en el instante en que te dices "¡Vamos! ¡A disfrutar!", tómalo como una orden y cúmplela tal como cumples todas y cada una de las órdenes de ese HDP que es tu jefe. ¡No seas Hijo de Puta contigo mismo! En definitiva:

> Fuera del trabajo, eres tu propio jefe.
> Está en ti ser o no también Hijo de Puta.

Seguramente dirás:

¿Y cómo hago para dejar de pensar en él, si él está en todas partes?

Bueno, analicémoslo juntos.

Situaciones y lugares en los cuales tu jefe se entromete y no debería

Una cerveza con amigos; un partido de fútbol; un picnic en familia; la cena diaria con el núcleo familiar; en la cama con tu pareja; en la cama con su pareja o su hija (puede darse que tu jefe lo sea porque eres su chofer, jardinero, piletero, etc.); en una salida al cine...

La lista podría seguir hasta el infinito, pero con estos pequeños (¡y baratísimos!) ejemplos basta y sobra para ejemplificar que existe un mundo tuyo, un montón de cosas tuyas, en definitiva, una VIDA tuya fuera de la empresa/oficina/compañía/trabajo. Y si esa vida es tuya, ¡NO ES DE ÉL! Y si no es de él, no tiene por qué vivirla. Y si no la vive...

Si tu jefe NO VIVE tu vida, al menos ahí estará muerto.

Entonces, debes proceder a efectuar los cambios necesarios para que él no VIVA tu VIDA.

Cambios dentro de la oficina (*indoor changes*)

Existe un buen ejercicio, y lo hemos denominado "La cagada de Google Earth™" (siendo sólo Google Earth la marca registrada, la cagada corre por nuestra cuenta).

¿En qué consiste el ejercicio?

No es muy complicado. Sólo debes ir a la computadora más cercana, ingresar al mencionado programita (www.googleearth.com) y ubicar las coordenadas de tu lugar de trabajo, para poder visualizarlo en forma cenital (vista desde arriba cual satélite espía).

Una vez que logras esa vista, lo más cercana posible siempre y cuando tenga nitidez, debes oprimir la tecla " – " para alejarte de ahí rápidamente hacia arriba, hasta visualizar la ciudad, luego el estado/provincia, más tarde el país, el continente y el planeta todo.

Esto debe ser repetido varias veces hasta grabarlo en tu memoria de modo de poder visualizarlo mentalmente y sin necesidad de computadoras ni conexiones a Internet.

Entonces, cada vez que tu Jefe Hijo de Puta realice cualquiera de las actividades mencionadas en las páginas anteriores, tú sólo pedirás permiso para ir al baño, entrarás a él, te sentarás y simplemente cerrarás los ojos (esta vez, no para hacer fuerza sino para realizar el ejercicio).

- Primero debes "verte" a ti mismo desde arriba (imagina un espejo en el techo, dispuesto cual hotel alojamiento). Mírate ahí, sentado, en ese inodoro, en el cubículo de ochenta centímetros por ochenta centímetros. ¿Te ves?

- Ahora comienza a "subir" lentamente, atraviesa con tu imaginación el techo, y luego así con cada techo si fuera necesario hasta llegar a la azotea.

- Sigue subiendo mentalmente hasta llegar a la imagen que tienes memorizada del Google Earth. ¿Ves qué pequeño que es tu lugar de trabajo respecto del mundo? Pues entonces ya estás listo para "irte" mentalmente de ahí.

- Continúa subiendo, continúa, continúa... ¡Detente! ¿Divisas tu oficina? ¿No? Bueno, todo ese espacio físico terrestre fuera de tu oficina no es tu oficina. Esta verdad perogrullesca significa que todo lo que no está en tu oficina NO LE PERTENECE A TU JEFE[10].

- Ahora relájate por un minuto; luego, levántate y oprime el botón del water.

- ¿Has visto qué sencillo? Acabas de cagarte —literalmente— en el Hijo de Puta de tu Jefe.

Si logras ese minuto para ausentarte mentalmente de allí cada vez que seas víctima de un JHDP, lograrás entender una verdad única e indiscutible:

[10] Excepto que tú trabajes para el presidente norteamericano de turno.

Tu oficina es insignificante y tu jefe también; ergo, tus problemas allí dentro también lo son.

Vives horas, días, meses, años pensando que nadas en un océano de problemas: allí, tu jefe es el rey del océano, un tiburón que te persigue para comerte; hay especies predadoras más grandes que pretenden cazarte para entregarte a él; hay contaminación en el océano que te hace daño; está el "clima" del océano (recuerda la "encuesta de clima"); invasores del océano, etcétera.

Alejándote un poco de tu océano laboral, te darás cuenta de que nadas en una pecera.

La diferencia es que, en una pecera, el pececillo no puede salir. Tú —nosotros— sí.

Una vez practicado y aprendido el ejercicio del baño, tienes que buscarte cosas, lugares, personas que te hagan agradable la vida en esa pecera, es decir, que te muevas *como pez en el agua*.

El bar del trabajo, tu box, el box de tu compañero/a-amigo/a con quien tienes más afinidad, el parque/terraza si lo hubiera, etc., son buenos lugares para relajarte en tu horario de oficina.

¿Y por qué habrías de relajarte en tu trabajo?

¿Es ése el único modo de disfrutar allí? Veamos, si tu compañero/a tiene afinidad contigo, significa necesariamente que él/ella (y todos los demás afines) sienten lo mismo que tú. Entonces, usa esos cincuenta y cinco minutos (una hora de almuerzo jamás tiene sesenta minutos) para descargar tus broncas con los que están igual que tú, hablar mal de vuestro jefe, sacarle el cuero, hacer comentarios insidiosos sobre él y los suyos, etc. En una palabra, *matarlo*.

Si logras esto, no sólo volverás *descargado* a completar el resto de la jornada laboral, sino que no volverás a casa *cargado* de resentimiento y ondas negativas. Ya estarás listo para los...

Cambios fuera de la oficina (*outdoor changes*)

Entonces, ya descargado y equilibrado, podrás disfrutar de tu cena diaria en familia (ningún cóctel de camarones que prepare la empleada doméstica de tu jefe puede compararse con las milanesas de tu mujer o el asado de tu marido).

Podrás hacer sobremesa y jugar un rato con tus hijos o ver tu programa favorito sin pensar en otra cosa (léase el trabajo).

Podrás ir a la cama con tu pareja y hacer el amor y/o sólo abrazarte a ella/él hasta dormirte plácidamente.

El fin de semana podrá comenzar con una buena cerveza con amigos (en caso de tener un *flashback* y recordar en algún momento a tu JHDP, piensa que él jamás podría sentir el placer ni recibir el afecto que tú recibes en ese momento de tus amigos por el módico precio del dólar que costó tu cerveza).

Podrás disfrutar de un partido de fútbol (ya sea que ocupes tu lugar en la cancha, en la platea o simplemente frente a la TV) e insultar a ese árbitro hijo de puta que perjudica a tu equipo (en caso de no estar totalmente "curado", imagina que ese HDP puede ser familiar de tu jefe, e insúltalo aun más fuerte).

Un picnic en familia, una salida al cine, etc., son lindos y baratos planes para disfrutar, vivir y homenajearte a ti y a los tuyos durante el fin de semana, y de los cuales tú —y sólo tú— eres DIGNO.

Esto para aquellos que tienen familias. Si eres soltero, no hay problema: también tienes amigos/as, familia, conocidos, novio/a, con quienes realizar todo esto, y además tienes el plus de poder agregar cervezas hasta embriagarte sin temor al papelón delante de tus hijos.

Por último, ahora mismo, estés donde estés y con quien estés, mira a tu alrededor, piensa en todo lo que tienes vivido y por vivir, abraza mentalmente a tus seres queridos, imagina tu mejor sueño —que puede cumplirse o no en el futuro y no siempre depende de ti—, sonríe y levanta esa cerveza —no importa el número, la primera o la quinta dan igual—, o esa copa de vino en la mesa familiar, o esa gaseosa en el picnic o cine, o esa botella de agua si estás jugando a la pelota con tus hijos o tus amigos, o esa taza de café, etc., y brinda con ellos, con aquellos que en todo el mundo están igual que tú, y con nosotros los autores también, "¡A la poca salud del Hijo de Puta de mi Jefe!".

¡Felicitaciones! Acabas de sobrevivirlo.

JHDP... QEPD

DEDICATORIAS

A la memoria de mi madre, Dora, que me enseñó que la palabra tiene valor.

A Mario, mi padre, quien también me enseñó que cuando el valor de la palabra no alcanza... el valor de la fuerza puede ayudar mucho.

A Alejo y Nasha, mis hermanos queridos y amigos incondicionales.

Y finalmente a mi mujer Leonora y a mis hijas Sofía y Malena. Ellas son y serán mi corazón, mi proyecto. Mis verdaderos valores. A ellas todo. Con ellas siempre.

DEMIAN STERMAN

A Yoyi, porque mamá creyó en mí en momentos en que era increíble creer.

A Mario, por ser incondicional y el mejor hermano del mundo.

A Nory, por hacer feliz a mi hermano.

A Vicky y Bruno, porque son dignos hijos de sus padres y me hacen el tío más orgulloso (además, son de San Lorenzo).

A mis AMIGOS con mayúscula, por "bancarme" y "sacarme" (en el más amplio sentido de ambas palabras).

A Sandra y familia: Flavio, Tomy, Ari y Mati son mi familia política y demuestran que algo que incluye "política" puede ser hermoso.

A la memoria de Tito Rotemberg, porque con él vivo todo habría sido mucho mejor, pero sin su legado nada de esto habría sido posible (bueno, yo soy parte de ese legado, ¿no?).

A mi gato Péres, por trece años juntos y contando.

A Magdalena Ruiz Guiñazú y a la memoria de Néstor Ibarra, porque me mostraron que, con defectos y todo, se puede ser Jefe sin ser Hijo de Puta.

A Gustavo Mames, porque me olvidé de dedicarle mi libro anterior.

A Demian Sterman, por ser el verdadero motor de este libro y porque es bueno que en este mundo desequilibrado, complicado y enfermo exista alguien equilibrado, sencillo y sano, y tenerlo de amigo.

A Kary, porque sólo ella puede sacar agua de mis piedras, sacudir mi inmovilidad y calmar mis tempestades. Ella y Niki son los dos soles que me iluminan, me dan vida y calor, haciéndome el planeta más feliz del Universo.

DAVID ROTEMBERG

ÍNDICE

Advertencia 9

Introducción 11

1. ¿Qué es un jefe? 13

2. Ser jefe, ser líder 31

3. El origen del concepto de Jefe HDP 39

4. El plan de negocios: *nuestro* plan, *sus* negocios 53

5. E-mails y el correcto uso de la informática en la oficina 61

6. Política de ascenso: posición, oficina y vestuario 79

7. Cómo saber si tu jefe es un psicópata 93

8. La humanidad, la historia y los negocios 109

9. Problemas subjetivos y objetivos de tener un Jefe Hijo de Puta 121

10. Los aliados del Jefe Hijo de Puta 141

11. El gran impostor (Historias inmorales que dejan enseñanzas) 171

Epílogo: "In fucking memoriam" 199

Capítulo extra y final: cómo matar a un Jefe Hijo de Puta.. 205